中职生生命教育

主　编	赵丹妮
副主编	张　露　沈　钦
参　编	曾育松　王媛媛　严　莹
	张玉豪　杨　倩　李　洋
主　审	张战杰

北京理工大学出版社
BEIJING INSTITUTE OF TECHNOLOGY PRESS

内 容 简 介

本教材具有鲜明的时代性、系统性、创新性、实用性，将"生命学"作为学科基础，融合教育学、生命科学、心理学、伦理学、生命哲学等相关领域知识，构建立体多维的生命教育体系。采用"生命的起源—生命的诞生—生命的成长—生命的境遇—生命的死亡—生命的意义"这一逻辑主线，按照生命的自然周期分成春、夏、秋、冬四个篇章，结合各阶段人生发展议题中的生命困顿进行学习与讨论。让生命教育成为引领中职生健康成长和全面发展的"源头活水"，实现生命教育与人文素质教育、思想政治教育、职业生涯教育、心理健康教育的紧密结合，并融入学校文化，渗透到中职学生教育的各个环节中，成为中职生人文素质教育的出发点和归宿。以新时代大国工匠为引领，唤醒生命意识，培植生命情怀，滋养生命本源，成就幸福人生。

本教材以提升中职生的生命教育素养和生命安全技能为目标，注重理论与实践相结合，语言通俗易懂，案例贴近实际。本教材既可作为中职院校开展生命教育的教学用书，还可作为教育工作者及生命教育研究领域工作者的参考用书，为其提供宝贵的教育教学资源。

图书在版编目（CIP）数据

中职生生命教育 / 赵丹妮主编 . -- 北京 : 北京理工大学出版社 , 2024.4

ISBN 978-7-5763-3914-7

Ⅰ . ①中… Ⅱ . ①赵… Ⅲ . ①生命哲学—中等专业学校—教材 Ⅳ . ① G634.201

中国国家版本馆 CIP 数据核字（2024）第 089472 号

责任编辑：王梦春　　　　文案编辑：邓　洁
责任校对：刘亚男　　　　责任印制：施胜娟

出版发行 / 北京理工大学出版社有限责任公司
社　　址 / 北京市丰台区四合庄路 6 号
邮　　编 / 100070
电　　话 / （010）68914026（教材售后服务热线）
　　　　　　（010）63726648（课件资源服务热线）
网　　址 / http : //www.bitpress.com.cn

版 印 次 / 2024 年 4 月第 1 版第 1 次印刷
印　　刷 / 定州启航印刷有限公司
开　　本 / 889 mm×1194 mm　1/16
印　　张 / 12
字　　数 / 277 千字
定　　价 / 45.60 元

习近平总书记强调，立德树人是中国特色社会主义教育事业的根本任务。而生命教育是从立德树人的原则出发，站在高质量、全方位发展教育的角度，实现对教育价值的全面追求。《国家中长期教育改革和发展规划纲要（2010—2020年）》首次在战略主题部分明确提出开展生命教育；《义务教育质量评价指南》（2021）将"树立珍爱生命、安全第一意识"纳入学生发展质量评价考察要点。2019年，国务院印发《国家职业教育改革实施方案》，明确了"把发展中等职业教育作为普及高中阶段教育和建设中国特色职业教育体系的重要基础"。中等职业教育是国家教育体系的重要组成部分，中职生是中国现代化技能人才队伍的后继力量，对其进行系统的生命教育意义重大。

2024年，生命教育再启新篇。为了加快生命教育的应用研究与实践的步伐，为了向教育传递更多更好的生命气息，我们在十七年的生命教育教学实践的基础上，面向中职生推出了这本生命教育教材，旨在唤醒中职生的生命意识，启发他们对生命的思考，欣赏生命的美好，感悟生命的艰辛，探索生命的意义，建构生命的信仰，实现生命的和谐，保护生命的健康，为中职生的终身职业幸福感奠定基础。让我们在学习知识的过程中更好地感悟生命的意义，进而珍惜生命，尊重生命，提升生命价值；自觉规划职业生涯，形成健康向上的人生价值观和职业观；弘扬和践行"爱岗敬业、争创一流、艰苦奋斗、勇于创新、淡泊名利、甘于奉献的劳模精神，崇尚劳动、热爱劳动、辛勤劳动、诚实劳动的劳动精神，执着专注、精益求精、一丝不苟、追求卓越的工匠精神"，立志为成为新时代大国工匠而不懈努力，从而书写无愧于自我、无愧于时代的精彩人生。

本教材基于生命教育理论与实践的探索经验，在中国陶行知研究会生命教育专委会的关怀指导下，始终贴近学生的生命需要，陪伴学生的生命成长，始终坚持学生是解决自己问题的主人与专家的教育理念，结合中职生的生命成长与发展特点，选取丰富有趣的活动、案例、故事，有理论、有实践，注重知行合一，具有实用性、实战性。本教材既可作为中职生生命教育的教材，也可为广大生命教育爱好者提供参考。

本教材将"生命学"作为学科基础。"生命学"是一切关于生命的学问，包括教育学、生命科学、心理学、伦理学、生命哲学等庞大而复杂的学科群中的相关知识。依照自身的"逻辑"将这些知识融会贯通、整合起来，按照生命教育特有的学科体系加以建构。使用"生命的起源—生命的诞生—生命的成长—生命的境遇—生命的死亡—生命的意义"这一理论逻辑，按照生命的自然周期分成春、夏、秋、冬四个篇章，结合各阶段人生发展议题中的生命困顿进行学习与讨论。从夏季篇切入，经秋季篇、冬季篇，然后回到春季篇。完成由浅入深、由表及里的入脑、入耳、入心的内化过程，犹如生命的遗传密码 DNA 螺旋上升，生生不息。这一理论架构既具有历史逻辑又符合生命自身内在规律，将作为我们生命教育的学科基础。让生命教育成为引领中职生健康成长和全面发展的"源头活水"，实现生命教育与人文素质教育、思想政治教育、职业生涯教育、心理健康教育的紧密结合，并融入学校文化，渗透到中职生教育的各个环节中，成为中职生人文素质教育的出发点与归宿。以新时代大国工匠为引领，在每位中职生的心中竖起这样一面旗帜，自觉弘扬和践行新时代"劳模精神""劳动精神"和"工匠精神"，唤醒生命意识，培植生命情怀，滋养生命本源，成就幸福人生。

本教材由赵丹妮主编，张战杰为主审，张露、沈钦为副主编。编者的编写分工为：专题一赵丹妮；专题二王媛媛；专题三王媛媛；专题四李洋；专题五严莹；专题六严莹；专题七杨倩；专题八张露；专题九曾育松；专题十曾育松；专题十一赵丹妮；专题十二赵丹妮；专题十三沈钦；专题十四张玉豪；专题十五张玉豪；专题十六 张玉豪。郑瑶、孙劭珍负责全书文字的修改和校对工作。侯玉馨、白孟鑫、王子旎负责配套资源的搜集与整理。主编、副主编设计编写体例、拟定编写提纲，最终修改定稿。

本教材的出版参考并借鉴了诸多研究者的论著资料及科研成果，选用了一些优秀案例，无法一一列出，在此谨向有关作者致以诚挚的谢意。谨向给予本教材大力指导和帮助的北京理工大学出版社编审人员致以诚挚的谢意。鉴于生命教育正处于发展阶段，需要深入研究和探索的问题还有很多，加之编者水平有限，本教材难免存在疏漏之处，敬请广大读者批评指正。

编　者

Contents
目录

专题一

走进生命：探寻生命的本源

本来，生命只有一次，对于谁都是宝贵的。——瞿秋白[①]

【专题导航栏】

生命对每个人来说只有一次，每个人的生命都是宝贵而独特的。然而在社会生活中，我们经常会遇到各种困难和挑战，也会面临着各种各样的压力，如学业压力、工作压力、生活压力等。面对困难、挑战和压力，如果长期无法解决和释放，就容易形成心理问题或心理疾病，甚至有人因此选择结束自己的生命。那么我们应该如何看待自己的生命？如何认识生命的意义和价值？如何面对生命中的困顿与挫折？如何让自己的生命更加有意义、活出生命的精彩？生命教育或许会给出我们答案。生命教育旨在唤醒生命的意识，启发生命的思考，欣赏生命的美好，感悟生命的艰辛，探索生命的意义，建构生命的信仰，实现生命的和谐，保护生命的健康，为我们的职业幸福感和终身发展奠基。

【活动体验营】

简绘生命

提及生命，首先在你脑海中浮现的那个画面是怎样的？如果把它描绘出来，会是怎样的？用你最喜欢的三个词来解读，它会是什么？

讨论分享：

1. 你描绘的生命画面对你有怎样的意义。

2. 你是如何看待生命的。

---

① 瞿秋白（1899年1月29日—1935年6月18日），本名双，后改为瞿爽、瞿霜，字秋白，生于江苏常州。中国共产党早期主要领导人之一，伟大的马克思主义者，卓越的无产阶级革命家、理论家和宣传家，中国革命文学事业的重要奠基者之一。

【生命智慧窗】

一、生命与生命教育

生命是整个自然界最神奇、最独特的现象。人类从未曾停止对生命本质的苦苦追寻。人是宇宙之精华，万物之灵长。人的生命是如此复杂且难以尽述。生命是教育的基点，教育是为了人的生命。顾明远明确指出，"教育的本质是生命教育"。[①]

（一）生命——宇宙间最大的奥妙

什么是生命？人类对这一问题的认识与探究经历了漫长的历史过程，至今当人们谈及生命，也鲜有人能够立刻给出关于生命是什么的确切答案。

《现代汉语词典》中对生命的解读是：生命体所具有的活动能力，生命是蛋白质存在的一种形式。

《辞海》中对生命一词的解释是："由高分子的核酸蛋白体和其他物质组成的生物体所具有的特有现象。能利用外界的物质形成自己的身体和繁殖后代，按照遗传的特点生长、发育、运动，在环境变化中时常表现出适应环境的能力。"

现代生物学给生命下的定义是，生命是生物体所表现出来的自身繁殖、生长发育、新陈代谢、遗传变异以及刺激产生反应等复合现象。然而生命的意涵是否仅仅用生理生命一个层次来解读呢？一位科学家曾对我们的身体做了有趣的计算：以一位中等身材的男子为例，身体里所含的脂肪够做 7 块肥皂，铁够做 1 枚铁钉，糖可以满足冲泡 7 杯咖啡，钙够清洗一个鸡笼，碳够做 900 支铅笔，磷够做 2 200 根火柴头……，人体的价值为98 美分，如图 1-1 所示。

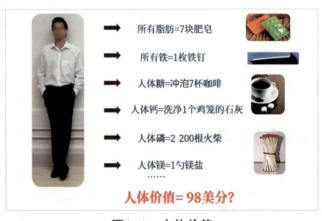

图1-1　人体价值

那么人体价值是否仅仅为 98 美分呢？非也！

江西师范大学的郑晓江教授曾用"二维四重性"的观点来诠释生命。[②]二维四重性如图 1-2 所示。

---

①　顾明远.教育的本质是生命教育［J］.课程·教材·教法，2013（9）：1-2.
②　郑晓江，张名源.生命教育公民读本［M］.北京：人民出版社，2010：78.

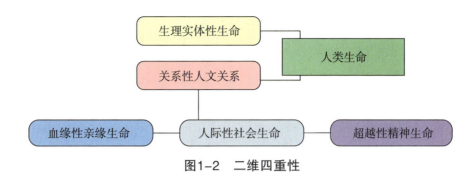

图1-2　二维四重性

　　人的生命具有二维四重性。所谓二维，其一是"实体性生命"，即生理生命；其二是"关系性生命"，即人文生命。"实体性生命"或称"自然性生理生命"，是指生命体是生物体、有机体存在的一种方式。具体到"人"而言，作为实体性的自然生命的人，表现为生理性的生命存在，经历数百万年的进化，有了对自然界变化的适应性，可以有选择地取之自然物以为己用。"关系性生命"，或称"人文生命"，人类生命在关系性层面，则指任何人的生命都在也只能在社会文化与文明中造就、存在与发展，与亲人、他人和社会性精神产品密不可分，形成紧密的联系，是无法割裂开来而单独生存与发展的。

　　所谓"四重性"，是指与人的"实体性生命"相对应的"关系性生命"又由相互联系着的三个方面组成：一是"血缘性亲缘生命"，具体说就是任何一个人都不是凭空诞生，一定是父精母血孕育而就，人由此传承了父母的血脉，同时也要繁衍子孙后代。这就使人之生命与前辈建构了关系，也与后辈密不可分。二是"人际性社会生命"，人都生活在社会之中，必然会与社会中其他的人和组织结成复杂的关系，其生命必然打上社会的烙印，离开了与社会和他人的关系，单独的个体之人是一天都活不下去的。而且，这种人与他人、社会的关系可以延续到其生理生命终结之后。也就是说，一个人虽然离开了世界，但如果有很多活着的人想着他、提到他，则其人际社会生命还存在着。用诗人臧克家的话来说就是："有的人活着，他已经死了；有的人死了，他还活着。"三是"超越性精神生命"，人类与动物区别最大的地方也许就在于有"超越性精神生命"了，包括人之精神、意识、思维、心理等。人们如果在生前能够创造出丰富的精神产品，在其去世后仍然让无数人受益，造福社会，推动历史的发展，那么，其生命就以精神创造出的价值方式永远延续着。

　　一般而言，人类实体性生命（自然生命）与关系性生命（人文生命）是相互融为一体、密不可分的：前者是后者产生的基础，后者是前者在家庭与社会中的孕育与发展。但是，在现代人的现实人生展开过程中，尤其是青少年的生命历程中，由于种种原因，人们往往意识不到"人类生命的二维四重性"，常常只是执持个人的实体生命、生理生命之一端，忘记了自我生命的立体性和丰富的内涵，于是便产生了许许多多生活中的茫然、生命的困顿和人生的无奈，以至陷入了网瘾、斗殴、吸毒、自残、自杀、凶杀等对生命极不负责、极不尊重的行为之中，断绝了自我宝贵的生命，从而丧失了一切。这就需要我们进一步深刻地体认人类生命的二维四重性原理，并将其用于解决现代人诸多的生活、生命与人生的问题。

中国台湾生命教育专家何福田博士还对"生命"有这样的解释：将其分为"生"与"命"两者，其一是"争生"，其二是"立命"。争生是指要争取出生的机会并生存下来，进而生活良好并活出生命的意义来，这就是生机、生存、生活、生义，由低向高不断进取的生命层次观；立命是指自己知道自己的人生方向，学会人生智慧，把命运掌握在自己手中。

（二）生命教育——不可或缺

当今时代，知识与经济迅猛发展，社会进步理应与之并驾齐驱，加之正生活在社会转型时期的人们，对人生意义探索的迫切需要，特别是在教育领域中从事与人的生命密切相关的事业，更能感受到生命教育是当前最重要的事情之一。

什么是生命教育？很多专家学者给出了不同的界定，如表 1-1 所示。

表 1-1　生命教育概念

学者	生命教育的意涵
中国台湾大学生命教育育成中心 孙效智	所谓生命教育，是以人生三问亦即人生三个最根本的问题为概念框架展开的：我为什么活着？我该怎么活着？我又如何能活出该活的生命？这三个问题涉及人生终极目标的确立、通往目标之道路选择，以及知行合一的生命修养。探索、体验、反思这三个问题及其间关系，并将所得内化为生命智慧，启发良知良能，从而提升生命境界，即为生命教育之内涵与目标。[①]
江西师范大学 郑晓江	生命教育的意涵有广义和狭义之分："广义的生命教育是指培育人们生存、生活、生命以及生死品质的社会性的教化活动。狭义的生命教育，则指大中小（幼）学中的培育学生优秀的生命品质的教化活动，生命教育的本质就是'使人成为人'，在'成人'的过程中，不仅让受教育者有知识与技能的增长，也包括如何使之适应生活、改善生活的质量，更要让受教育者学会拓展生命的宽度，丰富生命的色彩，实现生命幸福与人生不朽的终极目标。"[②]

① 中国台湾大学生命教育研发育成中心．三个生命问题［EB/OL］.http：//www.lec.ntu.edu.tw/about.php？ sn=3.
② 郑晓江．生命教育［M］.北京：开明出版社，2012.

续表

学者	生命教育的意涵
浙江传媒大学 何仁富	"生命教育是帮助学生认识生命、尊重生命、珍爱生命，促进学生主动、积极、健康地发展生命，提升生命质量，实现生命的意义和价值的教育。"[1]
北京师范大学 肖川	"生命教育旨在帮助学生理解生命的意义，提高生命的质量和增强生命尊严的意识，使学生拥有一个美好人生。生命教育不仅仅是一个教育实践，他还是教育的价值追求。"
首都师范大学 刘慧	生命教育是以生命为基点，借助生命资源，唤醒、培养人们的生命意识与生命智慧，引导人们追求生命价值，活出生命意义的活动。
河南大学刘 济良	生命教育是在学生物质性生命的前提下，在个体生命的基础上，通过有目的、有计划的教育活动，对个体生命从出生到死亡的整个过程，进行完整性、人文性的生命意识的培养，引导学生认识生命的意义，追求生命的价值，活出生命的意蕴，绽放生命的光彩，实现生命的辉煌。
洛阳师范学院 赵丹妮	生命教育，顾名思义，是一种生命意义观的教育；是一种争生立命之根本的教育；是一种人生价值观的知与行合一的教育；是全面提升生命力量的全人教育。[2]

中职生生命教育源于现实的需要。中职时期是学生人格形成和塑造的重要阶段，学生因校园环境的变化、知识的丰富、情感的升华而有着独特的身心特点，在趋于成熟和独立的过程中容易产生迷茫和困顿。如果未能得到及时、正确的人生观和价值观的引导，学生生命的健康成长与发展将很难得到保障。

生命教育不仅让我们学习生存技能，更主张学习一种生活智慧，达到一种生命境界。由生机、生存，到生活、生义，从低向高不断探索与追求，从中感受喜怒哀乐的情绪情感；感悟生命的大义；省思生命的价值；避免对生命的随意伤害；保护生命安全；逐步把命运掌握在手中。因此，生命教育又是争生立命之根本的教育。

生命是教育之本，是教育存在的根本性依据，离开了生命，再发达、再繁荣、再重要的教育都将失去教育内在的生命品性和逻辑，沦为工具性教育，丧失教育的本真。保持对生命神圣性的敬畏之心，是人类追求美好生活的核心，可以说，敬畏生命是一切教育的出发点。因此，一方面，生命教育应教导学生以敬畏之心来欣赏自然、善待生命，

---

[1] 何仁富.生命教育引论［M］.北京：中国广播电视出版社，2010.
[2] 赵丹妮.师范生生命教育（慕课版）［M］.南京：南京大学出版社，2020.

净化被物欲和征服之心异化了的心灵，照亮生命之原初境地，以开放心态与自然生命共融共在，在向自然的开放中净化心灵、升华生命，领悟生命存在之真正价值，最终实现"美美与共，天下大同"和"天人合一"的理想境界。另一方面，生命教育应激发学生探求自然的求知欲，以开放的心态去认识自然生命、走进自然生命、丰富生命认识、提升生命境界。

总之，唤醒生命的意识，启发生命的思考，欣赏生命的美好，感悟生命的艰辛，探索生命的意义，建构生命的信仰，实现生命的和谐，保护生命的健康，为中职生的职业幸福感和终身发展奠基，是中职生生命教育的出发点和归宿。

（三）生命教育的发展

1. 国内生命教育的发展

在我国，生命教育首先起步于台湾地区。我国台湾地区的生命教育研究不仅在学理研究上率先进行了全面探索，而且在行政和学校的实践方面快速发展。我国台湾地区将2001年定为"生命教育年"。在特定的现实背景下，我国香港的生命教育在民间和社会团体的推动下逐步推进，开办了"宗教与人生——优质生命教育的追寻"等网站，出版了《香港的生命教育》等专著。20世纪90年代中期，大陆地区主要是将环境教育、安全教育等看作一种生命教育，尚未对生命教育本身展开研究。到20世纪90年代末期，大陆的学者们才开始关注生命与教育的内在关系。1993年，黄克剑先生提出了教育的三个价值向度：授受知识、开启智慧、点化或润泽生命，阐释生命与教育间的关系。1997年，叶澜教授在《让课堂焕发出生命活力——论中小学教学改革的深化》一文中提出"以生命的层次，用动态生成的观念，重新全面认识课堂教学，构建新的课堂教学观。它所期望的实践效应就是：让课堂焕发出生命的活力。"

自1997年叶澜教授正式提出"让课堂焕发生命的活力"这一理念以来，现实社会中有关生命成长的问题日益突出，进入21世纪，越来越多的学者感受到生命教育研究的迫切性和重要性，纷纷展开对生命与教育关系的思考。一大批学者主张生命奠定了教育存在与开展的基础，以对生命的关注、呵护之情开展教育研究。目前，我国大陆生命教育研究进展如火如荼，其中有以叶澜教授为主的"生命·实践教育学派"；以张文质为主的生命化实践学派；以冯建军教授为主的生命化教育学派，出版了《生命与教育》等一系列著作；以刘铁芳教授为主的人文化教育学派，强调教育对生命的人文关怀，提出了"育中国少年，成生命气象"的教育培育体系构想；以刘慧教授为主的"生命道德教育"学派，主张生命教育就是生命道德教育；以刘济良教授为主的"生命教育"

学派，出版了《生命教育论》、生命教育系列丛书等。同时，一批高校成立了生命教育研究机构。2010 年，北京师范大学成立了生命教育研究中心；2011 年，首都师范大学成立了儿童生命与道德教育研究中心；2014 年，河南大学成立了生命教育研究中心；2018 年，洛阳师范学院成立了生命教育与教师发展研究中心。生命教育研究在我国内地开始逐渐发展起来。

2. 国外生命教育的发展

美国：在"死亡教育"中孕育生命教育。美国在死亡教育上开展较早，并形成了"死亡学"（Thanatology & Studies of Death and Dying）这一新兴学科，尤其是第二次世界大战后，美国对死亡教育的研究迅速增多。1968 年，美国学者华特士在美国加州创建了阿南达智慧生活学校，以此开始倡导和践行生命教育思想。他在 1986 年出版的代表作《生命教育：与孩子一起迎接挑战》（*Education for Life：Preparing Children to Meet the Challenges*）中首次提出了生命教育的思想，主张教育就是从生命中去学习，提倡人们重视人的生长发育和生命健康。到 1976 年，美国共有 1 500 所中小学开设了生命教育课程。同时，美国在各州实施了因地制宜的生命教育，促进了生命教育的创新。

澳大利亚：由生命教育中心广泛推广的"生命教育"。1974 年，澳大利亚的牧师诺夫斯（Rev.Ted Noffs）针对越来越多的青少年沉迷于吸毒、死于吸毒这一社会现状，主张从幼年时期对青少年进行反毒教育。经过五年努力，诺夫斯于 1979 年在澳大利亚新南威尔士州成立了第一所"生命教育中心"（Life Education Center，简称 LEC）。至此，西方国家开始明确标举"生命教育"（Life Education）的概念。2010 年，澳大利亚生命教育中心向 3 200 所学校提供了生命教育课 2011 年，澳大利亚生命教育中心在 3 550 所学校中工作，为 62 万名学生提供生命教育课程。[①] 可以看出，澳大利亚生命教育中心在澳大利亚中小学、大学架构的生命教育课程促进了生命教育的系统化与科学化发展。

日本：教学大纲中本土化的生命教育。日本教育家东井义雄在其 1944 年出版的代表作《学童的臣民感觉》中主张，给予学生生命的温暖是教师的职责，学校应当在教育中引导学生正确认识生命，这可以被视作日本生命教育的萌芽。1964 年，日本学者谷口雅春出版了《生命的实相》一书，主张对生命的关注。1989 年，日本修订的教学大纲针对日本青少年自杀、污辱、杀人、破坏自然环境、浪费等现象日益严重的现实，主张把尊重人的精神和敬畏人的生命作为道德教育的主要目标。同时，日本文部省出版发行了主题性刊物《活出生命力的心与身》。可以说，日本生命教育的发展是在结合本国国民发展的前提下进行的本土化发展，尤其是近些年来由于日本学生升学压力的增大，

---

① 韩芳 . 澳大利亚中小学生命教育课程的架构与特征［J］. 现代中小学教育，2015，31（10）：108-111.

学生普遍呈现生活素质差、能力弱的现象。针对日本青少年心理脆弱和自杀事件频发的现实，日本提出的"余裕教育"，其口号是热爱生命。余裕教育认为人与自然和谐相处是热爱生命的主要内容之一。为此，其鼓励学生经常到牧场体验生活，以提升学生的抗挫折能力，并使学生学会与自然和谐相处。

二、生命教育的"三全"理念

生命教育要朝着实现三重目标而努力：一是在人的生命结构中，实现身、心、灵的统和；二是在人的生命时空中，实现天、人、物、我关系的和谐；三是在人的生命过程中，实现持续、健康的毕生的人格发展，进而全面提升生命的力量，包括生命的长度、质量、宽度、人性和色彩。从这个意义上来说，生命教育本就是一种全人教育。

（一）身、心、灵统合的全人生命结构

谈及完整的生命，不能忽略身、心、灵三个主要部分。

人之生命作为一种实际存在，是身、心、灵的统一体。身、心、灵是我们生命存在的三个同时呈现的层次或者状态。用一句话来概括便是：身体健康是必要的；心智成长是需要的；灵性修养是重要的。[①]

"身"（Body），即躯体或生理，是我们可以肉眼直观看到的自然实体的生命存在。它是每一个人最直接的感受到的当下生命存在。身体既是我们了解和理解自我的起点，又是我们作为个体生命与社会、自然沟通、交往的存在支点，甚至价值支点。它是生命的重要载体。

"心"（Mind），即内心或心理，是我们可以意识并体验到的个性心理的生命存在。它是我们生命存在的活动中枢。我们用心去觉知，用心去体验，用心去意愿，也用心自我觉知、自我体验、自我意愿。

"灵"（Spirit），即灵性或精神，是我们可以直接领悟到的灵性精神的生命存在。它是生命力的核心，是我们生命存在的最高、最重要的部分。"灵"是为我们的生命活动界定意义、指引方向的能力，它是我们生命活动的一种"自我觉悟"。

生命教育视野下的身心灵健康的目标。"身"层面的目标：健康地活着、快乐地活着、希望地活着。"心"层面的目标：实现自我同一、实现自我价值、实现人我和谐。"灵"层面的目标：知识灵性、体验灵性、意愿灵性、领悟灵性。

---

① 傅佩荣. 傅佩荣谈人生：心灵的旅程［M］.1 版.北京：东方出版社，2012.

（二）持续健康发展的人生全过程

本教材设计结合中职教育的特质与生命教育的自身特点，基于中职生身、心、灵的全人发展和天人物我关系的和谐加以建构。从个体生命的周期发展切入，用其特有的生命化教育方法来贴近学生，贴近学生亲历的人生经验和生命困顿，探讨生、老、病、死等人生重要议题。在人性、人格、人道等方面引发思考，促进健康人格和生命品质的自动生成。

（三）天人物我和谐发展的全方位生命

要深刻理解生命的奥妙与独特性以及人生的真正意义，必须从全面的、整体的视角出发，进行深入的反思与探索。人之所以为人，应不断地自我追问："我究竟是谁？"从而更加清晰地认识自我，把握人生的方向与价值。

如图 1-3 所示，我们不难看出，原来人是活在各种不同的关系中，人生的意义跟价值，是在以人为中心的基础上而发展的四种关系之中：我与物质世界、生物世界；我与人文世界、精神世界；我与社会关系、文化历史；我与哲学信仰、终极追求。关于"和谐关系中的全人整合"，具体分述如下：

图1-3　和谐关系中的全人整合

1. 人与己的关系

面对茫茫的宇宙与大自然，人是有限的，也是脆弱的，我们常常许下宏图壮志，无奈却力不从心，心生痛苦；对于难以改变的事实或缺陷，往往不能接受，怨天尤人。认识生命，从认识自己开始。

2. 人与人的关系

人生在世就不可能孑然独存，不与他人取得联系。也就是说，人之所以为人，就是个人与他人发生了不可避免的联系。如何发展人与人的关系便成了成就美满人生的主要条件。

3. 人与物的关系

中国人认为，天生万物为我用，所以人与物的关系应是一种使用关系，人应该知道如何利用各种物质技术，善用物质以改善生活环境，促进人类的幸福与进步。今后的物质技术的发展必须在人的主体性，追求生命的终极、圆融、美满的基础上进行。我们必须竭尽全力去发展物质科技，关心、尊重并保护自然资源，加强环保伦理，用以维系个

人的生命，且进而利用厚生，以促进人类社会的圆满发展。[①]

4. 人与天的关系

在信仰与哲学中去体验，以求得人生的满足。在信仰精神的体验中，一方面求得个体心灵的安适，恬然无忧地面对自己，以激发自身的潜能，从而成为一个成功的人。

综上所述，人活在多维多重的关系之中，这四个层次必须得到均衡的发展，犹如圆之半径。均等同长，画出一幅圆融、完美的圆。人活在天、人、物、我四层关系之中，必须均衡发展，方能获得美满、圆融的人生。

三、生命教育的学习目标、内容与课堂契约

（一）生命教育的学习目标

本课程基于生命个体自主成长与毕生发展，以贴近每个学生个体亲历的生命实践为起点，以引导学生自觉领悟到生活的意义、生命的价值，活出幸福的人生为目标。

（1）认识到每个生命都是独特且不可复制的。人类生命的诞生、成长和消亡都是自然界的奇迹，每个人都应该珍惜并尊重自己的生命，同时也要尊重他人的生命。

（2）理解生命的脆弱性和无常性。生命中的困难和挫折是无法避免的，但正是这些经历让我们更加坚韧和成熟。生命教育帮助我们建立积极应对生活挑战的态度，培养我们的抗逆能力和心理韧性。

（3）培养对生命的敬畏之心。生命不仅仅是物质的存在，更是一种精神和灵魂的表达。每个生命都有其独特的价值和意义，我们应该以敬畏的心态去对待每一个生命，尊重他们的选择和决定。

（4）培养同理心和责任感。学会关心他人，理解他人的痛苦和欢乐，积极参与社会公益事业，为社会的和谐与进步贡献自己的力量。同时，我们也应该对自己的行为负责，对自己的生命负责，对家庭和社会负责。

总之，生命教育的学习目标是一个多层次、全方位的教育过程，它不仅关注学生的知识和技能的发展，更重视学生的情感、道德和伦理的培养。通过系统的生命教育的学习，我们能够更好地理解并尊重生命，以更加积极、负责的态度去面对生活中的挑战。

（二）生命教育的学习内容

在生命教育的内容上，从个体生命的历程切入：生命的诞生——生命的成长——生

[①] 林治平，潘正德，林继伟，等.生命教育的理论与实践［M］.2版.台北：心理出版社股份有限公司，2007.

命的境遇——生命的老化——生命的死亡，隐喻自然四季，设计 4 个模块 16 个专题的内容（如表 1-2 所示），每个专题皆关照学生的身、心、灵，通过认知、实践、情意三个层次全方位开展，以探讨人之生命时空中，实现着天、人、物、我的和谐与圆融。

表 1-2　生命教育课程内容

教材模块	单元	主题
夏花绚烂	专题一	走进生命：探寻生命的本源
	专题二	生生不息：生命诞生的力量
	专题三	自我觉知：认识独一无二性
	专题四	有志一同：共筑生命共同体
秋叶静美	专题五	生涯彩虹：把握人生方向盘
	专题六	谈情说爱：解开爱情密码锁
	专题七	逆风飞翔：提升逆境复原力
	专题八	安全教育：系好生命安全带
凌霜傲雪	专题九	保健自强：争做健康管理师
	专题十	生存权利：捍卫平等生存权
	专题十一	先行到老：走向生命的圆满
	专题十二	以死观生：超越生死的智慧
春意盎然	专题十三	责任担当：成熟生命试金石
	专题十四	体味幸福：追寻人生的价值
	专题十五	工匠精神：点燃职业的信仰
	专题十六	生命列车：感悟生命的意义

（三）生命教育课堂契约

为了提高生命教育的学习质量，我们共同商定以下课堂契约：

（1）对每位同学所分享的内容保守秘密。

（2）不未经同意就随意离开团体。

（3）开放自己，摒弃成见，全心投入。

（4）尊重其他同学，认真倾听和理解他们，不去批评或指责他们。

（5）与其他同学平均分享讨论的时间。

（6）认清、尊重自己的感受，但不强迫自己在不自在的情况下表达内心感受。

（7）愿意真诚地分享自己真实的感受，信任自己和他人。

（8）真诚地对自己；适度地开放自己；认真地倾听别人；尊重与接纳他人，不评价、不分析、不指责，将故事留在这里……

你认为还可以增加哪些契约？

_____

_____

_____

_____

【聚焦归纳框】

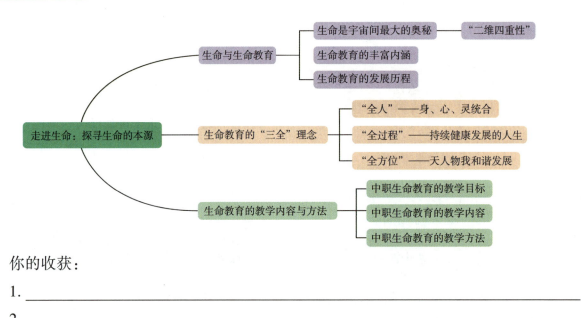

你的收获：

1. _____

2. _____

3. _____

【成长训练营】

请你在一张白纸上按表1-3画一个表格，然后按照下面的问题实施活动：

表 1-3　计算生命有效时间

0岁	5岁	10岁	15岁	20岁	25岁	30岁	35岁	40岁	45岁	50岁	55岁	60岁	70岁	80岁	90岁	100岁

　　第一个问题：你现在几岁？找出你现在的年龄，把相应的部分从前面撕掉，过去的时间再也回不来了。

　　第二个问题：你想在多少岁以后颐养天年，把选择的那个年龄以后的部分撕掉。

　　第三个问题：你的人生目标是：＿＿＿＿＿＿＿＿＿＿＿＿＿＿＿＿＿＿＿＿＿＿

　　第四个问题：你打算在多少岁前完成你的人生目标，请将相应的部分撕掉。

　　第五个问题：一天当中，睡觉的时间占据了三分之一，吃饭、娱乐、交际、家庭生活等占据了三分之一，所以用来完成人生目标的时间只剩下三分之一，请把手中的纸条分成三等分，看着手中剩下的纸条，你此时此刻的感想是：

＿＿＿＿＿＿＿＿＿＿＿＿＿＿＿＿＿＿＿＿＿＿＿＿＿＿＿＿＿＿＿＿＿＿＿＿＿＿

＿＿＿＿＿＿＿＿＿＿＿＿＿＿＿＿＿＿＿＿＿＿＿＿＿＿＿＿＿＿＿＿＿＿＿＿＿＿

＿＿＿＿＿＿＿＿＿＿＿＿＿＿＿＿＿＿＿＿＿＿＿＿＿＿＿＿＿＿＿＿＿＿＿＿＿＿

＿＿＿＿＿＿＿＿＿＿＿＿＿＿＿＿＿＿＿＿＿＿＿＿＿＿＿＿＿＿＿＿＿＿＿＿＿＿

　　第六个问题：你将如何规划自己的未来？

＿＿＿＿＿＿＿＿＿＿＿＿＿＿＿＿＿＿＿＿＿＿＿＿＿＿＿＿＿＿＿＿＿＿＿＿＿＿

＿＿＿＿＿＿＿＿＿＿＿＿＿＿＿＿＿＿＿＿＿＿＿＿＿＿＿＿＿＿＿＿＿＿＿＿＿＿

＿＿＿＿＿＿＿＿＿＿＿＿＿＿＿＿＿＿＿＿＿＿＿＿＿＿＿＿＿＿＿＿＿＿＿＿＿＿

＿＿＿＿＿＿＿＿＿＿＿＿＿＿＿＿＿＿＿＿＿＿＿＿＿＿＿＿＿＿＿＿＿＿＿＿＿＿

专题二　生生不息：生命诞生的力量

生命，是一树花开，或安静或热烈，或寂寞或璀璨。——余秋雨[①]

【专题导航栏】

　　生命从远古走到现代，从宇宙生命到个体生命，人们发现人的生命只是茫茫宇宙中的一粒尘埃。人的生命充满生生不息的力量，承载着家族、社会、人类、宇宙的期冀与使命。本专题将从一颗星出发去认识生命的起源，感悟仰望星空的宇宙共通与万物同源感；从海洋出发来看人类生命的演化，感悟人类是大自然最杰出的创造；从个体生命出发去思考生命本源，感悟独一无二的自己如何活出该有的价值；从现在出发去学做自己生命的主人，感悟时光荏苒，只争朝夕，不负韶华。

【活动体验营】

　　请你选择喜欢的颜色，以简笔画的方式在纸上描绘出你最喜欢的动物或植物。

　　讨论分享：

　　1. 你最喜欢哪种动物或植物？

　　2. 该动物（或植物）的何种特质吸引了你？

【生命智慧窗】

一、从一颗星出发——看生命的起源

　　没有人确切知道地球上有多少种生物，甚至有人说，地球上的生命基本上仍处于未知

---

① 余秋雨，1946 年 8 月 23 日出生于浙江省余姚县桥头镇（今浙江省慈溪市），现任澳门科技大学人文艺术学院院长。中国著名文化学者、理论家、文化史学家、散文家。陆续出版《戏剧理论史稿》《中国戏剧文化史述》《戏剧审美心理学》等著作。

领域。目前已经命名的物种有 170 万种，但推测地球上的生物有 500 万～1 亿种，人类只不过是其中一种。每当我们仰望星空，繁星点点，置身于浩瀚的宇宙中，不由得想"我们所处的生命空间究竟有多大？""宇宙究竟有多大？"迄今为止，这仍是一个难解之谜……

> 电视纪录片《地球生命》给我们讲述了地球、生命、人类的起源，小动物是怎么来的？细菌呢？地球从哪来的？月亮从哪来的？这部纪录片，从 46 亿年前开始完完整整地讲述了地球和生命的起源，还有人类的历史。看完了久久不能平静，原来一切皆是偶然。生命的出现只是一场巧合。45 亿年前，地球还是个火球；20 亿年前，地球成了雪球；4 亿年前，地球有了生命；2.3 亿年前，一场生物大灭绝后恐龙诞生了；6 500 万年前，一颗彗星撞地球，恐龙灭绝了之后，哺乳动物崛起。几百万年前人类出现了。地球的历史又被改写。时光如此漫长，而我们只是一粒尘埃。知晓来处，方知何往，生命如此珍贵，一定不枉此生。

从古至今，关于生命起源的说法有很多，如中国的"盘古开天地"说等。直到 19 世纪，伴随着达尔文《物种起源》一书的问世，生物科学发生了前所未有的大变革，同时也为人类揭示生命起源这一千古之谜带来了一丝曙光，这就是现代的化学进化论。老子在《道德经》里写道："道生一，一生二，二生三，三生万物。"用现在的语言来解读，便是地球上的生命是由少到多，由简到繁，慢慢演化而来。而这万物皆有一个共同的祖先"一"。

作为人类的家园，地球是一个蔚蓝色的星球，是一个赤道半径为 6 378 公里的大球体，与太阳平均距离为 22 794 万公里，质量为 60 万亿亿吨[①]。公转周期为 365.25 天，自转时间为 23.56 小时。地球的年龄为 46 亿年。表面环境是大气（氧气、二氧化碳）、阳光、水、岩石与土壤。地球仅是太阳系中的一颗行星。太阳系是由太阳（恒星）、行星及其卫星、彗星、流星体和星际物质共同组成的天体系统。

宇宙中，太阳只是银河系 2 500 多亿个恒星中的一颗。银河系犹如一块铁饼，主体部分呈扁平形状，整个太阳系都围绕着银河系中心环旋（1.76 亿年绕银河一圈）……类似银河系的星系在宇宙中不计其数，我们称之为河外星系。至今为止，人类能勘测到的是由 10 亿多个星系组成的更庞大的天体系统，称为总星系。地球在如此浩瀚的宇宙

---

① 一吨 =1 000 千克。

中，真如沧海一粟，渺小得微不足道。然而，无边无际的宇宙，并不是亘古不变的，而是处于周期性的演进之中。宇宙万物在演变过程中，既有呈现"动"的竞争状态，又有呈现相对"静"的守恒状态，动静相宜，和谐平衡，万物便生生不息……

在万物生生不息中，我们可以获得认识生命与宇宙的一个重要的立足点，以及由此而必须确立的我们面对个体生命的基本态度，这就是：从生命的起源看，你的个体生命弱小，但具有强大无限的宇宙性背景。也就是说，每一个个体生命都不是孤零零的悬空存在的，而是具有一个宇宙性的根基，这个根基被科学家叫作自然或物性。

二、从海洋出发——看人类生命的演化

在这个充满生机与活力的地球上，繁衍生息着形形色色的生物。动物、植物以及微生物共同构成了地球生物的多样性，人类则是其中最具代表性的物种。若从宇宙诞生伊始计算，人类存在的时间仅为其漫长历程中的短暂一瞬，然而在这看似"微不足道"的时间里，人类不仅自身发生了翻天覆地的变化，也在一定程度上改变了整个世界。人类创造了辉煌的物质与精神文化，使地球焕发出勃勃生机。那么，生命的起源究竟是如何演化的？人类生命的起源又是怎样的呢？

> 视频短片《生命的进化过程》，通过短短三分钟的时间，展示了地球原始生命的诞生过程。影片从纯无机世界到向有机世界过渡，再到生物大分子的出现；进而形成多分子体系，最终演化成原始生命，生动地展现了生命诞生的全过程。此外，影片还描绘了生命从简单到复杂、从海洋至陆地、从爬行动物到人类的进化历程，深刻揭示了生命的奥秘和壮丽景象。

约 150 亿年前，宇宙得以诞生。约 46 亿年前，地球诞生了。在距今 33 亿年至 25 亿年的太古代，最早的生物——原核细胞菌类得以出现。随后，在距今 25 亿年至 6 亿年的元古代，真核细胞藻类、原始腔肠动物、软体动物和节肢动物逐渐登场。距今 6 亿年至 2.25 亿年的古生代，生物演化迎来爆炸期。寒武纪出现无脊椎动物，海藻开始繁盛；奥陶纪出现脊椎动物，海生无脊椎动物开始繁盛；志留纪出现鱼类，植物开始上陆；泥盆纪出现两栖类，鱼类开始繁盛；石炭纪出现原始爬行动物，两栖类开始繁盛；二叠纪出现类似于哺乳动物的爬行动物。

在距今 2.25 亿年至 7 000 万年前的中生代时期，爬行动物得以繁荣发展。在三叠

纪，最早的恐龙物种相继出现；侏罗纪见证了哺乳动物和鸟类的诞生，同时裸子植物繁荣昌盛，恐龙数量也随之庞大。进入白垩纪，有袋类和有胎盘的哺乳动物逐渐出现，最早的有花植物崭露头角，恐龙称霸于世。

距今约 7 000 万年前开始的新生代，是哺乳动物和人类的时代。在新生代的第三纪（7 000 万年前～300 万年前）的古新世（约 7 000 万年前），诞生了高级的哺乳动物；始新世（约 6 000 万年前）出现了最早的灵长类；在渐新世（约 4 000 万年前）的，灵长类中产生了猴类和古猿类；中新世（约 2 500 万年前）时，古猿在欧亚大陆扩散；到上新世（约 1 200 万年前）时，古猿逐渐向人转化。新生代的第四纪（约 300 万年前至今）是人类的时代。在第四纪的更新世（约 300 万年前），原始人开始向现代人演化，人类就是从高级灵长类古猿发展而来的。

在灵长目中，人与类人猿在体质构造上最为相似。人类和现代类人猿（长臂猿、猩猩、大猩猩、黑猩猩）有着共同的祖先——一种古猿。人是由古猿发展来的。在从猿到人转变的过程中，具有决定意义的一步是下到地面开始直立行走。人类在成为完全形式的人之后，经历了四个发展阶段，即早期猿人、晚期猿人、早期智人和晚期智人。晚期智人就是现代人类。

每个人的生命，在外观上看似微不足道且平淡无奇，然而其中却蕴含着 40 多亿年的生命能量和 700 多万年的人类智慧。生命堪称大自然的瑰宝，正如诺贝尔所说："生命，是自然赋予人类雕琢的宝石。"因此，每个人都应对生命报以敬畏和珍惜之心。

三、从自己出发——去感悟生命的真谛

生命的诞生是神秘而崇高的，生命是那么脆弱，又是那么顽强，我们在感叹宇宙自然生命的神奇奥妙的同时，是否也从我们自身出发去感悟生命孕育诞生的幸福？

（一）生命孕育之神奇

人类是万物之灵，有了人，地球就开始凝聚宇宙的神奇与气韵。人类不仅按照自己的追求与梦想创造了这个世界，同时也在不断创造负载生命的自身。那么人类的个体生命是如何降临这个世界的呢？

怀孕、生育，在人们的日常生活中是很普通的事情，而正是这普通，使人类在漫长的岁月里历经风雨，进化、繁衍、生生不息，形成了我们今天人口众多、欣欣向荣的现代社会。也许是因为它太普通，人们习以为常，对一个生命的孕育过程很少给予应有的关注。

生命的孕育是一个多么神奇的过程啊！在很短的时间里，从受精卵到胚胎到胎儿，复现了生物进化的几乎整个过程，融合了父母两个人的遗传基因，从而有了一个新的生命的孕育诞生！在人体的内部，细胞、各种组织以及我们如何被孕育、如何在母亲的体内生长并最终来到这个世界上？生命繁衍的密码是什么？

每一个孩子都会好奇地问："我是从哪里来的？"这是"人类怎么诞生的"之后，又一个重大的科学问题。如果简单回答，就是"父亲的精子送进母亲的身体后，和母亲的卵子结合，叫作'受精卵'，就成为胚胎，所以说孩子是父母爱情的结晶"。但实际的情况复杂得多。《一个生命诞生的过程》《生命物语》等优秀视频短片将生命孕育、诞生的过程呈现得非常生动且震撼。

不要小看小小的精子和卵子，他们带来的是有 40 多亿年历史的生命精密结构，700 多万年人类的各种智慧信息。而且，男子的一次射精，释放出的精子数多达 2 亿～3 亿个，而最后能够和卵子结合的只有 1～2 个。所以，每一个孩子能够来到世界上，都是不简单的，因为它是数亿个精子中最优秀的一个。健康的成熟女性每个月从卵巢排出一颗成熟卵子，排卵的时间一般在下次月经来潮前的第 14 天左右，如果排卵期巧遇同房，精子就通过女性生殖道进入输卵管的壶腹部与卵子相遇。此时无数精子围绕着一颗卵子，其中只有一个精子捷足先登，利用其头部的顶体，释放出一种叫顶体酶的物质。这种酶可以将卵子表面的透明带钻出一个小孔，然后精子就钻进去与卵细胞结合，这个过程称为受精。与精子结合后的卵子称为受精卵，这是生命的第一个细胞。接着就开始细胞分裂，大约在受精后的 4～5 天受精卵进入子宫腔，并继续进行细胞分裂，使受精卵体积渐渐增大，中间又出现囊腔，此时受精卵称为胚胞，大约在受精后 4 周进入胚胎阶段，8 周初具人形，第 10 周进入胎儿阶段，第 16 周末时出现胎动，第 24 周末时胎儿脏器均已发育，第 28 周末时胎儿基本具备活动能力，直到第 40 周胎儿发育完全成熟，体重可达 3 000～3 500 克，就这样经过十月怀胎，终于瓜熟蒂落，一个新的生命就此诞生，对于宇宙、天地、种族、社会、家庭、个体等均赋予重要的意义。胚胎发育如图 2-1 所示。

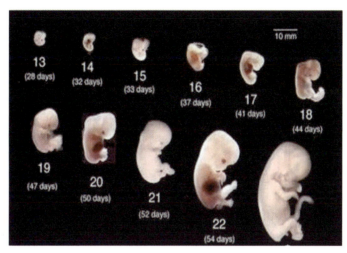

图2-1　胚胎发育

（二）生命诞生之意义

在生命诞生的伊始，一个看似简单却充满活力的细胞在数以亿计的竞争对手中顽强地脱颖而出。随后，这个细胞与另一个同类细胞奇妙地结合，孕育出一个新的生命。这个崭新生命兼具坚韧与脆弱、自信与自卑、平凡与独特等特质，成为世界不可或缺的一部分。

1.诞生的种族意义：人类生命的传承者

你诞生，父母的生命进入了你的生命；你出生，祖辈以致整个人类的生命进入了你的生命；你出生，意味着人类未来的生命将从你开始；因为你的出生，一个或者更多的新生命的出生将成为可能；人类将得以延续。

2.诞生的个体意义：生命价值的承担者

你诞生，你之为你的一个标志性事件是：你拥有了独一无二的身体；你拥有了独一无二的家庭；你拥有了独一无二的面孔、身份以及姓名；你还将创造独一无二的个性、人格与心灵；最重要的，你的生命成为一个真实的生命，在这一生，你将担起自己的一切。

3.诞生的社会意义：社会价值的创造者

因为你的诞生，一个男人成了父亲；因为你的诞生，一个女人成了母亲；因为你的诞生，一个医生实现了她的价值；因为你的诞生，一个家庭多了一份亲情、一份爱、一份希望和幸福；因为你的诞生，一所幼儿园、学校将增加一名成员；因为你的诞生，派出所的户口簿将发生改变；因为你的诞生，中国的人口数量、人口结构将发生改变；因为你的诞生，世界的人口数量、人口结构以及人种结构将发生改变。

4. 诞生的天地意义：无数竞争之获胜者

你在地球诞生了，在这个目前已知的唯一有生命存在的星球；你以人的身份和面目诞生了，成为目前我们已知的唯一智慧生命；你在中国诞生了，在这个目前我们已知的有智慧文明以来，唯一不间断文明的国度；你作为父母的孩子诞生了，作为目前一生所可能创造的几十个生命中的幸运者，作为父亲一生所可能创造的若干亿个生命中的幸运者。

5. 诞生的宇宙意义：茫茫宇宙之唯一者

200亿年的宇宙演化，200亿光年的茫茫宇宙，无数颗星球的生死转化，无数物种存亡绝续，你幸运地成为其中的一分子，你成了这个浩瀚宇宙中顶天立地的人，无数的存在者看着你的诞生。

《周易》有云："有天地然后有万物，有万物然后有男女，有男女然后有夫妇，有夫妇然后有父子，有父子然后有君臣，有君臣然后有上下，有上下然后有礼仪有所措。"《道德经》有云："道大，天大，地大，人亦大。"

生命具有神圣性：人的生命最初的来源是天地宇宙，每个人的生命都是宇宙自然的一部分，尊贵无比。

四、从现在出发——做自己生命的主人

生命最大的特征在于其"生生不息"。在探索人类生命的起源时，我们发现每个人的生命之根首先源于父精母血，与家族体系紧密相连；其次，深深植根于社会文明和文化传统的沃土之中，与他人的生命，与过去、现在和未来的所有生命紧密相依。最后，每一个生命都存在于天地之间，与宇宙浑然一体。让我们在追溯生命之旅中，深刻理解我们的"肉体之我"离不开"社会之我"的塑造和"宇宙之我"的融合。生于天地之间，我们每个人都肩负着不可替代的使命和责任。那么，你将如何充分利用你独一无二的生命，成为自己生命的主宰？

（一）对于生命神圣的体悟

人在生命层面上是上接于"天"、下接于"地"的，是自然大化精华的凝聚。正因为如此，人之生命才先验性地具备了神圣性。当然，对于人之生命性质的体悟并不是人人都可以做到的，需要生命教育的启迪使之得到觉醒。从本质上来讲，神圣性，是指人类对某种对象发自内心的敬畏感和崇拜；生命的神圣性，是指人类对自身生命的敬畏和崇拜。早在远古时期的古代先民，对自然的神秘未知充满好奇和崇敬，自然万物皆具有

神圣性，成为人们顶礼膜拜的精神图腾。然而，随着科技的进步，人类改造自然能力的增强，人类崇拜、敬畏和服从的对象逐渐减少，人们发现，石头不过是一种矿物质，动物不过是一种有机体，曾经神圣无比的太阳和月亮也不过是恒星和行星。生命虽然较前更为复杂，但那也不过就是一堆碳水化合物和 DNA 罢了。宇宙自然间任何物质似乎都是可以征服和改造的，哪里还有神圣可言。生命神圣的信仰消失让人们肆意地破坏着赖以生存的自然，作践自己和他人的生命。所以，我们必须在理性层面重新恢复对于生命神圣的体认，对生命充满敬畏之心和崇拜之心，带着这份敬畏感去对待自然中的一切生命。生命是宇宙的奇迹，它既神秘莫测，又无处不在。重要的是要用"心"欣赏大自然的生命现象，善待一切生命，从心底生发出万物同源的亲近感，因为你我都是大自然的杰作。

（二）对于生命唯一性的珍视

生命的唯一性与前面所谈及的生命的神圣性密切相关，正是因为生命是唯一的，才更显示出它的神圣。每个人的生命都是唯一的，其中涵盖两层含义。一是"我"之生命与"他"之生命的不同，所以称为"唯一"；从生理生命的层面来看生命也许相同，但是人之生命不仅仅只具有生理性，更具有人文性，每个人皆不相同。我们每个人的生命都是独特的，关键在于你如何通过自己的努力发挥独一无二的价值。平庸的人只有一条命，叫性命；优秀的人有两条命，即性命和生命；卓越的人则有三条命，即性命、生命和使命。你会选择成为哪种人呢？二是每个人的生命都只有一次，不会有第二次。生命犹如离弦的箭，快速向前，不可返回。这一点足以让我们每个人都意识到生命的神圣，我们要万分珍惜自己的生命，善用生命中的每分每秒。

生命的唯一性决定着我们要在有限的时间里，尽可能多地实现人生的价值。尤其对于师范生来说，作为未来的教师，承担着教书育人、立德树人的重任。我们要认识到自然生命的唯一与有限，不断追求精神的无限，用精神生命的无限来弥补自然生命的唯一与有限，以超越唯一与有限，以彰显自身精神生命的意义与价值。

生命有长度，人人都要面对从生到死的距离，也许我们的生命从长度上无法改变；然而，我们可以善待生命，善用此生，努力活好大自然赋予我们的宝贵的生命时光。生命有宽度，即对社会的奉献，对他人的影响与价值。生命有高度，即人生有境界。冯友兰是中国杰出的哲学家，人生四境界说是其人生哲学体系的核心。他将人生境界由低到高划分成四个境界——自然境界、功利境界、道德境界、天地境界。从自然境界到天地境界，表现了因"觉解"程度的不同而逐渐递进的关系。

第一，自然境界。在此种境界中的人，其行为是顺才顺习的。所谓顺才，即是以本我为中心率性所为，在合乎自然属性的基础上满足基本需求。所谓顺习，即顺应个人习惯或社会习俗。在此境界中的人，顺势而行，"行乎其所不得不止，止乎其所不得不止"。无论其是顺才而行还是顺习而行，都不清楚自己所做事情的意义，一切生活方式出于自然本性与生物本性，对于所行之事的性质，没有清楚的了解。

第二，功利境界。在此种境界中的人，其行为是为利的。所谓"为利"，是为他自己的利。凡动物的行为都是为利的。不过大多数动物的行为，虽是为他自己的利，但都是出于本能的冲动，不是出于心里的计划。在功利境界中的人，对于"自己"及"利"，有清楚的觉解。自觉地谋求自身的利益，获得物质需求与精神需求的满足。

第三，道德境界。在此种境界中的人，其行为是"行义"的。义利是相反相成的。求自己的利的行为，是为利的行为，求社会的利的行为，是行义的行为。在道德境界中的人，对于人性已有觉解。以给予为人生之目的，体现为在生活中尽伦尽职，人之性被蕴涵于社会之性中。正如董仲舒所说的："夫仁人者，正其谊不谋其利，明其道不计其功。"

第四，天地境界。在此种境界中的人，其行为是"事天""同天"的，他不仅是社会的一员，还是宇宙的一员。在天地境界中的人，了解于社会的全之外，还有宇宙的全，人必于知有宇宙的全时，始能使其所得于人之所以为人者，尽量发展，始能尽性。在天地境界中的人，有完全的高一层的觉解。

参照上述"四个境界"，我们究竟置身于哪一个阶段？如何才能将独特、不可复制、极其珍贵的生命把握在自己手中？我们应当竭力拓展人生道路，实现自我价值，充实内心，探索生命真谛，活出幸福美满的人生。要将封闭的心灵转变为开放的心灵，我们必须深入思考并付诸实践。

（三）对于生命相通的认同

生命的唯一性，标志着人与人的生命存在着相异性，然而要想体悟生命神圣性的深层含义，我们还必须从生命的唯一性中揭示生命之"异"，进而寻找生命之"同"。

早在 20 世纪 60 年代，人类借助宇宙飞船第一次在宇宙中观看到地球，这颗被大气包裹着的蔚蓝色的星球无比壮观，无比美丽。可是，人们同时也发现，在无边无际的宇宙中，地球不啻为一艘"诺亚方舟"，载着人类航行在未知的旅途中，前程难料。而且，这个孤独的地球面积有限，资源有限，人满为患，大气层中还有被破坏形成的臭氧洞。这样一种自然的景观，引发人类观念史上的一次飞跃：由所谓"蓝色救生艇"的生存意识引出"地球村"的概念，又派生出"生命共同体"的思想。[①]2021年，在领导人气候峰会上，习近平总书记发表题为《共同构建人与自然生命共同体》的重要讲话，他指出气候变化给人类生存和发展带来严峻挑战，国际社会要共同构建人与自然生命共同体。

所谓"生命共同体"的原理[②]，主要意蕴有三个方面：一是从人类自然的生理性生命来看，人与人在生命之本质上为"一"，故而整个人类在生命存在的意义上是一个"共同体"。二是从观念上看，既然人类自然生命是"一"，那么，人类的每一份子都应该努力突破个人主义的限囿，在社会文化的层面沟通你、我、他，达到人生观、价值观上的"生命共同体"。三是不唯人与人的生命为"一"，人与其他生命体乃至整个宇宙的大生命皆是相沟通为一的。由这样一种"生命共同体"的观念出发，人们就可以学会与自己、与他人、与社会、与动植物、与整个大自然和谐相处，同舟共济，共存共荣。

从终极意义上看，人的生命是源于天地自然的，这可以说是人类生命性质相同的方面；但生命表现在每一个人的身上则又有不同的显现，这可以说是人之生命相异的方面。

如果人们能够在此基础上更进一步，真正从心灵上体验到生命源头的"一"，方能达到"视天下国家亲如一家，天下之人亲如一人"的境界，此人心胸无比宽阔，人格无比崇高，待人接物无比仁爱，这可以说进入了人之生命存在的最高层次了。可惜的是现实生活中的许多人都无法把握生命本源的"一"，而更多地执着于现实生活中的"异"。如果一个人只知凸显生命中存在的"异"，刻意于求自我的多，即使侵犯他人和社会也在所不惜，便会造成无穷的纷争。

人们不仅应该在生命本源存在的层面上达到生命之同的体认，还应该进一步把人之生命与宇宙间一切有机物和无机物相沟通，从而在终极的层面上与万物相沟通、相融合。就是说"我"之生命在本源意义上的那个"一"，不仅仅指个人的生命与其他人的生命是相通的，而且意味着在存在的层面上，一切生命体皆为一体，不分彼此。

具体的实践路径，需要在现实生活中，修炼中国传统哲学中陆王心学的基本功"大其心"。陆象山先生是宋代的大思想家，他有言："宇宙无际，天地开辟，本只一家。往圣之生，地之相去千有余里，世之相后千有余岁，得志行乎中国，若合符节，盖一家也。"又曰："宇宙即吾心，吾心既是宇宙。"为什么说相距千里之遥、相隔千百年之

---

① 许纪霖，黄万盛，杜维明.当前学界的回顾与展望［J］.开放时代，2003（01）：139.
② 郑晓江.生命教育演讲录［M］.南昌：江西人民出版社，2008：65.

后的"圣贤"都"本只一家"呢？为什么说"宇宙"与"己心"同呢？因为在象山先生看来，宇宙之本质是"生生之道"，人是宇宙所创生的精华，其心性之本亦是"生生"（仁）；从这一点而言，人之"心"与"宇宙"同一。"大其心"者，亦即自我反省继而扩充自身的精神世界，真正体会"生生"之"仁"充塞自我亦溢满天地，从而在具体的人生活动中显现"生生"之"仁"。于是，自己的精神也就上达至宇宙，这岂不是"与天地同"？可见，人们可以经由"大其心"从而体会并展现出生命的普遍性，因此，人们的内在心性需要自身不断努力地提升修养。所以，人类在生命本根上都是相通的，我们每个个体不单单是家庭、社会的，也是人类、宇宙这个大生命中的有机组成部分。

【聚焦归纳框】

```
                              ┌──────────────────────┐
                              │ 从一颗星出发          │
                              │ ——看生命的起源        │
                              └──────────────────────┘
                              ┌──────────────────────┐
                              │ 从海洋出发            │
                              │ ——看人类生命的演化    │
┌──────────────────┐         └──────────────────────┘
│ 生生不息：生命诞生的力量 │   ┌──────────────────────┐   ┌──────────────┐
└──────────────────┘         │ 从自己出发            │──┤ 生命孕育之神奇 │
                              │ ——去感悟生命的真谛    │  ├──────────────┤
                              └──────────────────────┘  │ 生命诞生之意义 │
                              ┌──────────────────────┐  └──────────────┘
                              │ 从现在出发            │   ┌──────────────────┐
                              │ ——做自己生命的主人    │──┤ 对于生命神圣的体悟 │
                              └──────────────────────┘  ├──────────────────┤
                                                        │ 对于生命唯一的珍视 │
                                                        ├──────────────────┤
                                                        │ 对于生命相通的认同 │
                                                        └──────────────────┘
```

你的收获：

1. _____

2. _____

3. _____

【成长训练营】

制作个人成长相册

生命堪称奇迹，通过搜集个人成长历程的照片和资料，制作一份独具一格的电子相册，展现你人生的精彩篇章。

自我觉知：认识独一无二性

专题三

你抬头自卑，低头自得，唯有平视，才能看见真实的自己。——杨绛

【专题导航栏】

在古老的西方，有一句名言被镌刻在德尔菲阿波罗神庙的墙上——"认识你自己"，古希腊人将"自我认知"视为哲学探索的最高命题。因此，要了解生命，首先应从认识自己开始。本专题将结合个人成长经历，运用心理学和生命哲学的自我认知理论，展开对自我世界的探索，以期发现真实的自我，明确个人的优势与局限，促使个体生命的觉醒与发展。在人生旅程中，不断实现自我觉知、自我接纳、自我拓展和自我超越。

【活动体验营】

雪花片片

请遵循以下步骤进行折纸与撕纸：

第一步，将纸张对折，于右上角撕下一个边长为 1 cm 的等腰三角形；

第二步，将纸张再次对折，于右上角撕下一个半径为 1 cm 的扇形；

第三步，将纸张第三次对折，于右上角撕下一个边长为 1 cm 的正方形。

讨论分享：

1. 在教师统一指导下，你闭上眼睛不说话，当你闭目静默并与其他同学同步进行某一动作时，试问结果如何？心情又会发生何种变化？

2. 当发现自己手中的"雪花"与他人的不同时，你将作何感想？

3. 如何理解在老师统一的指导语下共同做着同样的事情，而雪花片片皆不同？

4. 从"雪花片片"这个游戏中，你体悟到了什么？

【生命智慧窗】

一、自我觉知

自我觉知，通常而言是个体对自身的认识与觉察的体现，意味着个体对自身行为有着清晰的意识，而非处于模糊不清的状态。在哲学的视角中，自我觉知被视作一种积极的心态，它涉及个体在正确理解并把握客观规律的基础上，展开有目标、有计划的行为。从心理学的角度来看，觉知代表了一种对特定对象有所认知或有所感知的内在主观体验。

（一）从生命哲学视域觉知生命

1. 对实体性生命的觉知

在前面的专题中，我们阐述了人类生命具有"二维四重性"。其中，第一维是"实体性生命"。从生物学意义上看，人是一个动物实体。对自然性生理自我的认识则是对人的物质属性的认识。它包括对自己外部特征的认知：高矮、胖瘦、美丑；解剖结构的认知：各器官组织的正常与异常；生理功能的认知：各系统功能健全与疾患等。

2. 对人文关系生命的觉知

人类生命的第二维度是"关系性生命"。这一维度由三个相互关联的方面构成。

一是"血缘性亲缘生命"。每个人并非孤立存在，而是由父母的精血孕育而成，从而继承了父母的血脉，并与后代形成了紧密的联系。这不仅建立了与前辈的联系，也与后辈密不可分。更重要的是，在获得生理上的血缘生命的同时，人们也继承了亲缘关系。这种亲缘关系并非纯粹生理和自然的，而是经过千百年来人类文化和文明的凝聚。

二是"人际性社会生命"。个体的自我认知并非孤立产生，而是伴随着其在社会环境中的成长而逐步形成。人的一生是不断社会化的过程，在这一过程中，个体逐渐建立起对周围世界的理解，并在此基础上形成了对自己的认识。这种认识涵盖了个体在人际网络和社会集体中所扮演的角色，包括对其社会声誉、人际关系、职责义务等方面的理解。

三是超越性精神生命。人类与动物之间最显著的差异或许在于人类拥有超越性的精神生命，这包括精神、意识、思维和心理等方面。人类精神生命的核心特征在于其"超越性"。在思想的世界里，人类不仅能够回溯至遥远的过去，也能展望无尽的未来；不仅能够思考有形的物质世界，还能够创造出一个自然无法比拟的无限精神世界。

在自我认知的探索中，个体的自我意识将认知的焦点聚集在自己的精神世界之上，这不仅包括对意识层面的理解，也涵盖对潜意识领域的探索，更进一步涉及哲学层面的深思。在人生的旅途中，人们往往了解别人易，理解自己难；认识社会易，看清自我难。要真正实现对自我的认知和把握，走好人生的每一步，关键在于不断地回顾过去，反思生命的历程，这是掌控个人命运的重要途径。

（二）从心理学视域觉知生命

自我意识是一种多维度、多层次的心理系统。可从各个不同的维度或层次对其进行分析和探讨。从结构形式上看，自我意识包括认知、情感、意志三种心理成分。相应的，自我意识可以分为自我认知、自我体验和自我控制；从自我意识发展的层次上看，自我意识又可分为物质自我、社会自我和精神自我；进入自我认知中的自我观念，还可以分为现实自我、理想自我和投射自我。自我意识在认知、情感、意志三种心理成分不协调，现实自我、理想自我不统一的情况下，就会产生自卑心理。

1. 从自我意识的结构形式上看

自我意识由自我认知、自我体验和自我控制这三种心理成分构成，它们相互作用、相互联系，共同构成了一个人的个性核心——自我。

（1）自我认知在个体生命成长与发展中扮演着至关重要的角色，是其根本的前提条件。自我认知可定义为：个体大脑对自身及其相关信息的特性与联系的反映，以及对这些信息对自身意义与作用的理解和揭示的心理过程。这一概念涉及对自身的深刻洞察与理解，表现为一个多维度、多层次的复杂心理结构。自我认知主要包括以下心理成分：自我感觉、自我观察、自我观念、自我形象、自我分析、自我评价和自我估价等。

自我认知是从多方位建立的，既有自己的认识与评价，也有他人的评价。基于此，继续进行第二步的探索——他人眼中的"我"。将他人描述中的"我"进行归类与分析，一定会受益匪浅。

"乔哈瑞视窗（Johari Window）"[①]是帮助我们全面认识自己的一种工具。它是一种关于沟通的技巧和理论，认为人对自己的认识是一个不断探索的过程。该理论将人的内心世界分为四个区域：公开区、隐秘区、盲目区、未知区，如图 3-1 所示。

公开区是自己看得到、别人也看得到的部分；隐秘区是自己看得到、别人看不到的部分。和人分享与沟通的时候，隐秘区和盲目区会愈来愈小，公开区则会愈来愈大，从而使你更加全面地了解自己。盲目区是别人看得到、自己却看不到的部分；未知区则

---

① 乔哈瑞视窗最初是由乔瑟夫·勒夫（Joseph Luft）和哈里·英格拉姆（Harry Ingram）在 20 世纪 50 年代提出的，故以他们的名字合并为这个概念的名称。

是自己和别人都没有发现的部分。

自我观察

		认识到	未认识到
他人观察	认识到	（A）公开区	（B）盲目区
	未认识到	（C）隐秘区	（D）未知区

图3-1 乔哈瑞视窗理论

凭借主观能动性，吸纳他人意见，逐步拓展公开区，同时相对缩小其他三个区域，从而全方位认识自我，实现及时调整与完善。

（2）自我体验。自我体验是个体对自身的认识与评价而引发的内心情感体验，其中包括满意或不满意、自尊、自爱、责任感、义务感、优越感、羞怯、自卑等。在人的生活体验中，不仅有积极肯定的情绪体验，也有消极否定的情绪体验。自我体验的产生是由环境与个人内部的心理因素相互作用的结果，并不完全来源于自我认识，而是受到外在环境变化的影响。它主要涉及"我是否接受自己""我是否满意自己""我是否悦纳自己"等。

（3）自我控制。自我控制是个体对自身行为的主动掌握。它体现了人的能动性方面，就是对自己的行为和活动的调节，从而了解自己在达到目的的过程中，如何克服外部障碍与内部困难，采取什么手段实现自己的决定。主要表现为人的意志行为，它监督、调节自己的行为，调节、控制自己对自己的态度和对他人的态度。它涉及"我怎样克制自己""我如何改变自己""我如何成为理想的那种人"。

2. 从自我意识的发展层次上看

威廉·詹姆斯（William James）[1]将自我分成物质自我、社会自我和精神自我三个相互关联的组成要素。

（1）物质自我。物质自我又称生理自我，是指一个人对自己身体的意识。物质自我是"自我意识"最原始的形态。新生儿是不可能把自己的躯体跟外部世界区分开来的。但是，随着年龄的增长和智力的发展，个体在 8 个月左右开始产生了"物质自我"，即能把自己的躯体跟外部世界区分开来。不过，这时的物质自我还很不成熟。个体真正

---

[1] 威廉·詹姆斯（William James，1842—1910 年），美国心理学之父。

能把自己的躯体与外部世界区分开来并意识到自己的生存是寄托在自己躯体上的，要在3岁左右才能够完全实现。因此，物质自我是逐渐形成的，是学习的结果。当然，物质自我不仅指对自己身体的意识，还包括对自己的衣着、打扮以及对自己家庭财产等的意识。

（2）社会自我。社会自我是指个体对自己被他人所关注的反应。"别人是怎样看待我的？""别人把我放在眼里吗？别人尊重我吗？我在社会上的名誉、地位如何？""我在同学中是否有威望？"等，都是个体对自己被他人所关注的反应。所以可以说，社会自我就是个体对自己在社会关系、人际关系中的角色的反应，包括对自己在社会关系、人际关系中的地位和作用的反应，对自己所承担的社会义务和权利的反应。

（3）精神自我。精神自我，也称心理自我，是指个体对自己的心理活动的反映。包括对自己的性格、智力、态度、信念、理想和行为的反应。精神自我使个体依据主客观需要，对自己的心理特征、人格特点进行观察和评价，进而修正自己的经验，调节、控制自己正在进行着的心理活动和行为，以使自己的心理得到健康的发展。因此，"精神自我"是自我意识的核心内容。

詹姆斯认为，构成自我意识的上述三要素都伴随着自我评价和自我追求的行为。因此，我们可以将詹姆斯"自我意识"概念的构成要素列成表3-1。

表3-1　詹姆斯"自我意识"构成要素

构成要素	自我评价	自我追求
物质自我	对自己身体、衣着、打扮、家庭所有物等的自豪或自卑	追求外表，欲望的满足。如装饰、爱护家庭
社会自我	对自己在社会上的名誉、地位、亲戚、财产的估价	引人注目，讨好别人，追求情爱、名誉、良心、智慧上求上进
精神自我	对自己的智慧、能力、道德水准的优越感或自卑感	在信仰、道德、良心、智慧上求上进

3. 从自我观念的维度上看

自我意识又可分为现实自我、理想自我和投射自我。

（1）现实自我，也称现实我，是指个体对自己现实的反应，即个体从自己的主观立场出发对自己目前的现实状况的看法。这种看法，不一定与想象中他人对自己的看法完全相同，两者之间可能有距离。当这个距离加大时，便会感到自己不为别人所了解。例如，自己主观上认为谦虚谨慎、勤奋好学，然而别人却认为你高傲自大、懒惰。这就使得自我看法与想象中他人对自己的看法之间产生了距离。

（2）理想自我，也称理想我，是指个体想要达到的完美形象，如个体的生活目标和对未来的期待、抱负、成就，以及自己想成为一个什么样的人。理想自我是个人追求的目标，不一定与现实自我一致，两者间可能有距离。例如，一个大学生的奋斗目标是考研、出国，或者学业、爱情双丰收，但是由于自身努力不够或受条件限制，愿望未实现。这时，理想自我与现实自我间就产生了距离。当这个距离加大时，甚至还会出现失落感。理想自我虽非现实，但它对个体的认识、情感和行为等却有很大影响，是个体行为的动力和参考系。

（3）投射自我，也称镜中我，是指个体想象中他人对自己的看法。如想象中他人心目中自己的形象，他人对自己的评价，以及由此而产生的自我感。"镜中我"是由社会心理学家库利于1922年提出来的。库利认为，自我是以别人对自己的反应为镜子并从中获得自我印象的。正如马克思所说："人起初是以别人来反映自己的。名叫彼得的人把自己当作人，只是由于他把名叫保罗的人看作是和自己相同的。"[①]1934年，米德发展了库利的思想，提出我们所属的社会群体是观察自己的一面镜子。

前述三种划分并不是截然分开的，只是因标准不同而有不同的划分。其实，这三者间应是统一的有机整体。例如，自我认知、自我体验、自我控制与物质自我、社会自我、精神自我之间，既有对应关系，也是有机统一的。

二、克服自卑，自我悦纳

（一）认识自卑

俞敏洪在北大读书时，因有浓重的南方口音，有一半同学都听不懂他说话。俞敏洪英语口语很差，从入学时的 A 班掉到最差的 C 班，更不会像电影《中国合伙人》里那样，追上了全校最漂亮的女生，事实上，他从来都没有勇气追女生。因为自卑，他总是不相信自己，总是揣摩别人的想法，渐渐练就了察言观色的能力。而这项本领，在管理中非常有用。

除此之外，他还练就了不把自己看得太重要的心态。因为自卑，所以有了这种坦然的心态。最后就算他成功了，也不会太出格。人最怕的就是飞起来的

---

① 马克思，恩格斯.马克思恩格斯全集（第23卷）［M］.北京：人民出版社，1972：67.

感觉，你把自己看得太重要，动不动就会得罪人，动不动就会瞧不起周围的人，有的时候一不小心就会做出格的事情。

"没有经历过深刻自卑的自信，不是真正的自信。"很多人都是从"丑小鸭"慢慢蜕变为"白天鹅"。曾经的自卑，可能是生命给你的一份包装丑陋的礼物，最后会带给你真正的自信。

俞敏洪的故事深刻地告诉我们，每个人都会体验到自卑的感觉。然而，正如心理学家阿德勒所说："自卑是成就的原因，是使人奋发向上的动力。"

1. 什么是自卑

《社会心理学辞典》将自卑感定义为：个体因生理、心理或家庭、工作、政治等其他方面的自认为的缺陷，而产生的轻视自己、看不起自己，认为自己无法与他人相媲美的消极心理状态。丛中[①]博士认为："自卑是一种对待自我的态度，表现为对自己的能力或品质评价过低，轻视自己或看不起自己，担心失去他人的尊重。"

自卑人人都有，只是程度不同。当我们小的时候，看到别人长大而自卑；当我们长大的时候，却发现别人比我们更有钱；当我们有钱的时候，看到别人比我们更年轻力壮，这些都会使我们在心底产生自卑。这样看来，自卑其实是不可怕的，从某种程度上讲，自卑也是推动一个人不断完善自我的动力。但是，如果你已经认识到自己的自卑，而不愿去进行自我突破的话，那么自卑对你来讲就是非常有害的。

2. 自卑的表现

自卑的主要表现包括：自信心不足，对自己的评价过于悲观且与现实脱节，以及对自己持续的批评和否定。具体来说，表现在以下几点：

（1）消极思维模式：倾向于考虑最坏的情况，忽略了积极的可能性。

（2）过度概括：由于一次失败，就认为自己永远无法成功，这种以偏概全的思维会导致对自己的全面否定。

（3）人际关系敏感：过分关注他人的看法，以至于失去了自我判断和见解。

（4）表达障碍：害怕表达自己的观点和愿望，担心别人会嘲笑自己。

（5）自我监控过度：过分担心别人对自己的看法，害怕被瞧不起或被认为是傻的，从而导致行为和思想的过度约束。

---

① 丛中，精神医学博士。现为中国心理卫生协会心理治疗与心理咨询专业委员会副主任委员，主要从事神经症、人格障碍、应激障碍与危机干预、子女教育、升学就业、恋爱婚姻等的心理治疗与咨询及研究工作。

（6）快乐恐惧：即使取得了成就，也会担心未来的失败，例如考试取得好成绩后担心下一次考试不佳，或者在得到老师表扬时担心同学会嘲笑自己过于积极。

（7）完美主义：设立过高的目标，追求完美，只有在所有方面都得到他人的赞赏时才认为自己是成功的。

（8）自我封闭：逃避现实，活在幻想世界中。

（9）社交退缩：避免参与集体活动和社交活动，从而导致孤立和退缩。

3. 自卑的原因

（1）自我认知的欠缺。人们常通过他人的视角来认识自己，一旦遭受权威人士低评价，可能造成自我认识的偏差，进而诱发自卑感。

（2）家庭经济条件的影响。部分学生因家庭经济条件不佳，相较于他人可能产生劣势感，导致自卑情绪。近年来，因家庭经济原因引发自卑的大学生人数呈上升趋势。

（3）成长经历的作用。在人生的关键时期，尤其是童年时期，经历对个体产生深远影响。心理学研究显示，自卑这一消极心态在早期生活中即可找到根源。

（4）个人性格的特征。性格内向、情绪抑郁的人对负面事件敏感，且倾向于放大其影响，不易及时调整心态。因此，他们更容易受到外界因素的影响，进而产生自卑情绪。

（二）自我悦纳：走出自卑

1. 停止与自己的对立

停止对自己的不满与批判，停止对自己的挑剔与责备，无论自己有多少自认为的不足，从现在开始，都要停止与自己的对立，学习站在自己的一边，站在自己人性尊严的一边，学习维护自己的生命尊严与价值。大声地告诉自己："无论我的现状如何，我选择尊重自己的生命与独特性。"

2. 停止苛求自己

允许自己犯错误，不过在犯错误后要学会做出补偿，以弥补因自己犯错造成的损失，告诉自己同一个错误绝不会犯两遍。同时告诉自己："无论我做错了什么，我选择从中吸取教训。"

3. 停止否认或逃避自己的负面情绪

人会产生负面情绪是很正常的，不要害怕它，首先要接纳它，然后再寻找办法来解决引起负面情绪的根源问题。告诉自己："无论我产生什么样的负面情绪，我选择积极地正视、关注与体验它。"

4. 学习无条件地接纳自己

要学习做自己的朋友，学会接受并关心自己的身体、心理与思想，学习不带任何附加条件地接受现实的一切。告诉自己："无论我有什么样的缺点，我选择首先无条件地接纳自己。"

5. 接纳而不止于接纳

如果说能否接纳自己是一个人是否具备自信和追求成长的前提，那么仅仅止于接纳，则会限制个人的发展与成长。不止于接纳就是要用建设性的态度来对待自己的弱点与错误：从学习中吸取力量，改变那些不能接受的；从思考中获得勇气，接受那些不能改变的；从领悟中增长智慧，并能将两者区分开来。

三、挖掘潜能，自我超越

美国学者詹姆斯根据其研究成果说："普通人只发展了他蕴藏能力的 1/10。与应当取得的成就相比较，我们不过是在沉睡。我们只利用了我们身心资源很小的一部分，而大部分甚至可以说一直在荒废。"没有人知道自己到底具有多大的潜能，因而没有人知道自己会有多么伟大，所以我们应该找寻内心真实的自我，激发无穷的潜能。

（一）认识自我超越

"自我超越"是由奥地利心理学家维克多·弗兰克[①]（Viktor Emil Frankl）提出的一个概念，他认为人真正的追求是超越自我的生活意义。这种追求包含了对自然界、人类社会和文化，以及人在其中所处位置的探索和理解，目的是更好地把握人生，更有意义地去生活。对人生意义的追求不是满足于自我的平衡状态，而在于一种自我的超越，表现为勇于承担责任，敢冒风险，不断地创造。

2022 年 3 月 13 日，冬季残疾人奥林匹克运动会（以下简称冬残奥会）在北京顺利闭幕，中国体育代表团在北京冬季奥运会上以 18 枚金牌、20 枚银牌、23 枚铜牌，总计 61 枚奖牌的优异成绩，位居金牌榜和奖牌榜榜首，实现了历史性跨越。中国体育代表团团结一心、众志成城，践行了"使命在肩、奋斗有我"的誓言，实现了运动成绩和精神文明双丰收，书写了冬残奥会的新篇章。

冬残奥会的运动员都是残障人士，他们面对自己身体上的缺陷，并没有自卑，而是选择悦纳自我，努力追逐梦想、超越自我，每一位站在冬奥会赛场上的运动员，他们无

---

① 维也纳第三心理治疗学派——意义治疗与存在主义分析（Existential Psychoanalysis）的创办人，出生于奥地利维也纳一个贫穷的犹太家庭，因心脏衰竭逝于奥地利维也纳。

一不是年复一年、日复一日地在训练着，由于他们是残疾人，训练需要克服更多困难，无论是身体上的，还是心理上的。他们用行动向世人证明：身虽残，志却坚。他们有一颗向上的心，在不断改变命运，超越自我。他们用行动演绎我命由我不由天，用运动洋溢人生价值。

（二）如何实现自我超越

1. 认识自我

客观公正地认识自己是一件很困难的事，相信我们会逐渐通过对自身的反省和他人的评价中找到相对真实的答案。

2. 完善自我

完善自我的关键是找到目标，这个目标或许是阶段性的，或许是我们整个人生的目标，但是不管怎样，目标的确立都要经过深思熟虑，要有现实依据。确立目标最重要的是想清楚自己真正想要的、最想要的是什么，想成为一个怎样的"理想中的我"。

最后，目标确立了，也付诸行动了，可以说简单意义上的自我超越基本完成了。然而这一切可能只是我们通向理想我的美丽过程，是"量"的积累，真正"质"的超越应该是思想上的。

当我们通过完善自我达到一个新的高度后，回头反思，如果能相对清晰地看清过去不完美的原因，以及珍藏好超越自我过程中酸甜苦辣咸的宝贵经验，是否有一种从未体验过的发自心灵深处的兴奋、颤栗、欣快、满足、超然的情绪体验，感觉犹如站在高山之巅，仿佛获得了心灵自由，那种愉悦虽然短暂，但是可以照亮我们的一生。这种感觉是很难用语言表达的，心理学家马斯洛把这种感受称为高峰体验（Peak Experience）。这种终生难忘的"高峰体验"是我们在追求自我超越的过程中获得的幸福体验，是我们不断超越自我的动力。苏炳添在第三十二届夏季奥运会男子100米半决赛中以9秒83的成绩刷新了亚洲纪录，成为中国第一位站上奥运会男子百米决赛跑道的运动员。正是因为有这种"高峰体验"，苏炳添在日常训练中不断突破自我，屡创佳绩，在到了已经退役的年龄还是不断尝试突破自我。如今的他，在暨南大学任教，将这份体育精神带给更多的年轻人。

自我超越是一个反复循环、不断提高、螺旋上升的过程，达到一个阶段以后，再次认识自我，完善自我，超越自我。这个过程将会伴随我们的一生，是一个人一生的功课，需终身加以学习，并且是完全自主的。也许，自我超越的真正乐趣就在于：使自我投入到不断地求真、求善、求美、求圣的过程之中。

【聚焦归纳框】

你的收获：

1. _____

2. _____

3. _____

【成长训练营】

1. 完成表 3-2 "人际关系中的我（优缺点）"

表 3-2　"人际关系中的我"

父亲眼中的我：	母亲眼中的我：
兄弟姐妹眼中的我：	好朋友眼中的我：
同学眼中的我：	高中老师眼中的我：
现实生活中的我：	理想的（期望）我：

（1）完成"人际关系中的我"后，内心感受是怎样的？

（2）自己与他人对自我的评价一致吗？有哪些不一致的地方？

（3）理想与现实中的我差距大吗？我可以为此做些什么？

2. 填写下列问题，并大声朗读出来

（1）我对自己感到满意的是：_____，

因为_____；

（2）我对自己感到不满意的是：_____，

因为_____；

（3）不满意之中，很难改变的是：_____，

因为_____；

（4）不满意之中，可以改变的是：_____，

因为_____；

（5）对于可以改变的，我准备：_____。

3. 自我悦纳的测试量表[①]

想要了解自己是否自我悦纳吗？请针对以下题目选择"是"或"否"。

（1）朋友和家人眼里，你是否显得过于敏感？

（2）你是否喜欢与别人争论不休？

（3）你是否总是持批评态度？

（4）你是否能容忍他人有不同观点？

（5）你是否过于易动肝火？

（6）你是否容易原谅人？

（7）你是否过于爱妒忌？

（8）你是否认真听别人讲话？

（9）你是否感到很难接受恭维？

计分：第（1）、（2）、（3）、（5）、（7）、（9）题答"是"，第（4）、（6）、（8）题答"否"，各记1分，否则不计分。

解释：将各题分数相加，得出总分。如果总分在5分以上，说明你自我否定得太多，需要多多给予自己积极正向的鼓励。

自测提醒：此问卷只作为了解自己的参考，如有疑问请咨询专业人员。

---

① 姚本先，何元庆，全莉娟，等.教师心理与健康［M］.北京：北京师范大学出版社，2013：58.

有志一同：共筑生命共同体

专题四

大道之行也，天下为公。——《礼记》①

【专题导航栏】

我们成长在科技高速发展的时期，在享受信息便利的同时，也易沉迷于网络虚拟世界，从而导致人际关系疏离，逐渐化为一座座人际"孤岛"。面对全球一体化和世界现代化进程的加速，我们发现自己在未来所需的合格世界公民素质中，尚缺少团队合作精神和能力。针对这些问题，本专题将通过亲身体验游戏来缩小人与人之间的距离，在学习团队相关知识的过程中，启发对自我与他人、自我与团队、自我与社会的关系的思考，体悟融入团队的智慧，学会理解、学会包容、学会合作、学会共处。

【活动体验营】

合力建塔

每10人一组，每组获得同样数目的10～15张报纸；在禁止言语沟通的前提下，通过肢体语言进行协作，设计并构建属于自己组的"塔"。在单位时间内，不借助外部力量搭建"塔"。透明胶纸使用最少、塔身最高、稳定性最佳以及创意突出的小组获胜。

讨论分享：

1. 在不说话的情况下，小组是如何完成建塔任务的？

2. 在建塔游戏中，你承担了哪些职责，发挥了何种作用？

3. 游戏给你带了来怎样的启示和思考？

---

① 《礼记》又名《小戴礼记》，由西汉戴圣辑录、编纂而成，是一部记述规章制度的书，也是一部关于仁义道德的教科书。作为中国传统文化的经典，对中国文化产生过深远的影响，各个时代的人都从中寻找思想资源。《礼记》与《仪礼》《周礼》合称"三礼"。

【生命智慧窗】

一、团队的概念与构成要素

（一）团队的概念

"团队"一词，英文名为"Team"，直译的最常用词汇是"小组"，该词也往往称为工作团队，即"Work Team"，是通过其成员共同努力能够产生积极协同作用的最低层次的组织。管理学界认为：团队是一个组织在特定的可操作性范围内，为实现特定目标而建立的相互合作、一致努力的由若干成员组成的共同体。[①] 琼·R. 卡扎巴赫与道格拉斯·K. 史密斯认为：团队就是一群拥有互补技能的人，为了一个共同的目标而努力，达成目的，并固守相互间的责任。著名管理学家斯蒂芬·P. 罗宾斯认为：团队就是有两个或者两个以上的，相互作用、相互依赖的个体，为了特定目标而按照一定规则结合在一起的组织。

（二）团队和群体的区别

团队就是群体吗？团队和群体经常容易被混为一谈，但是不能将团队等同于群体，它们之间存在根本性的区别。我们以火车上的旅客为例，他们是这样一个群体：每个人有不同的目的地，南下北上、西来东往；相互之间没有太多的交情，互不影响，也没有利害关系；没有共同的准则、标准和约束。

归纳起来，群体有如下特征：没有共同目标；个体间没有利益关系；没有严格的、共同的规范。接下来再分析军队的特点：军队的存在是因为他们被赋予保卫家国的使命；纪律严明是军队最大的特征；要求密切合作，侦察兵、哨兵、狙击手……，他们的行动是相互配合的。而群体一般指因为某事项而聚集到一起，不存在成员之间的积极协同机制，所以群体是不能够使群体的总体绩效水平大于个人绩效之和的。而团队是指拥有一个共同目标，能够用最理想的状态来面对和解决所遇到的任何问题和困难的群体，如图 4-1 所示。

---

① 劳伦斯·霍普 . 管理团队［M］. 北京：企业管理出版社，2001：5.

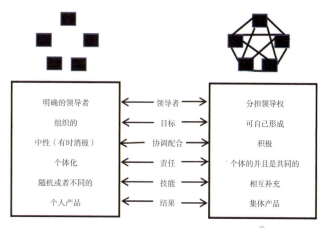

图4-1 工作群体与工作团队比较[①]

（三）团队的构成要素

从团队的定义来看，团队的构成要素有五个（简称"5P"）：分别为目标（Purpose）、人（People）、定位（Place）、权限（Power）、计划（Plan）。

1. 目标（Purpose）

团队应该有一个既定的目标，为团队成员导航，知道要向何处奋斗，没有目标这个团队就没有存在的价值。团队的共同目标可以细分，逐级实现。团队可以划分为若干小团队，团队的目标也可以分解成若干个小目标，小目标由小团队承担完成，前提是必须保证各个小团队的目标跟团队的目标一致。为了更好地实现团队的目标，小团队目标还可以具体分解到各个团队成员身上，大家合力实现这个共同的目标。

2. 人（People）

构成团队最核心的力量就是人。团队的目标是通过人来具体实现的，所以组成团队非常重要的一个环节就是人员的选择。团队成员通过分工共同完成团队的目标，所以在选择团队成员时要考虑团队要求、人员能力、人员技能、人员经验、性格搭配等因素。

3. 定位（Place）

定位包含两层意思：一是团队的定位，即团队处于什么位置，由谁选择和决定团队的成员，团队最终应对谁负责等；二是个体的定位，即团队成员在团队中扮演什么角色。

4. 权限（Power）

团队当中领导人的权力大小跟团队的发展阶段相关，一般来说，团队越成熟领导者所拥有的权力相应越小。

---

① 斯蒂芬·P. 罗宾斯.组织行为学［M］.北京：中国人民大学出版社，1997：270.

5. 计划（Plan）

计划也包含两个层面的含义：一是实现目标需要的一系列具体的行动方案；二是计划的操作行为，即在计划的操作下使团队一步一步地接近目标，从而最终实现目标。

二、团队合作的内涵与基本要素

（一）团队合作的内涵

团队合作是一种为达既定目标所呈现出来的自愿合作和协同努力的精神，可以调动团队成员的所有资源和才智，并且能够自动减少不和谐、不公正现象，同时会给予那些诚心、大公无私的奉献者适当的回报。如果团队合作是出于自觉自愿，它必将会产生一股强大而且持久的力量。

团队合作凸显四大价值：第一，有助于组建一支凝聚力强大的工作团队；第二，为团队成员提供了一个良好的学习契机；第三，缔造了相对和谐的工作氛围；第四，有助于提升工作效率。

（二）团队合作的基本要素

良好的团队合作包括四个基本要素：共同目标、互相依赖、归宿感和责任心。

1. 共同目标

共同目标可以为团队成员提供具体的指导和行动方向，目标是团队存在的价值，明确目标就是使成员明确团队存在的意义。将目标根植于大家的心里，就可以获得成员们共同信守的价值，使团队行动一致。为完成共同目标，成员之间彼此合作，这是构成和维持团队的基本条件。正是因共同的目标，才确定了团队的性质。当团队的队员有一个共同的目标时，这个团队便具备巨大的力量，从而能创造出不可思议的奇迹。

2. 互相依赖

想要一滴水不干涸，我们就应该把它放入大海里。团队中成员之间相互依赖，从行为心理上来说，成员之间在行为心理上相互作用、直接接触，彼此意识到团队中的其他个体，相互之间便形成了一种默契与关心。

3. 归宿感

归宿感就是那种回到家的感觉，家里安全、放松、有关爱、认同、包容、和谐与温暖。团队为成员营造"家"的和谐与温暖，成员便会对团队产生"家"般的依赖与归属感，产生情感上的认同感，意识到"我们是这一团队中的一员"。

4. 责任心

责任心是指对事情敢于负责、勇于主动负责的态度。所有真正高效的团队，其成员都要分担他们在共同地达到共同目的中的责任，全心全意地为自己的团队服务。

三、团队合作与团队精神

（一）团队精神的含义

团队精神构成了团队发展的基石。简言之，团队精神体现了整体意识、合作精神和服务心态的综合。正如单个手指的力量无法与紧握的拳头相提并论，团队精神正如人体各个器官协同工作以完成一个动作。在当今时代，人的社会属性比以往任何时候都更加显著和至关重要，团队精神正是这一属性的核心展现。实质上，团队精神反映了一个人与他人协作的精神境界和能力。团队精神的展现主要可以用三个"力"来呈现：

1. 凝聚力

凝聚力是指团队成员之间相互吸引、团结一致，并愿意留在团队中。这种凝聚力包含团队对成员的吸引力和成员之间的吸引力，以及员工之间和睦相处的良好氛围。

2. 合作力

合作力是指团队成员为实现共同目标或彼此共同利益而采取的联合行动，包括成员之间的合作、个人与团队的合作、不同团队之间的合作。

3. 参与力

参与力是指团队成员参与团队决策、团队管理的能力。通过参与团队的决策和组织管理，使团队成员融入团队，同舟共济，构筑团队精神。

（二）团队精神的特征

团队精神的特征主要包括以下三个方面：

1. 团队精神的基础是张扬个性

树立个性意识、鼓励个性发展是形成团队理念，塑造团队精神的前提和基础。"张扬个性"强调个性自由，敢于打破常规。大家千篇一律，墨守成规，没有创新意识，不利于团队的发展。塑造团队精神就必须尊重个体的兴趣与成就，尊重个性。但同时也要清楚地认识到，个性与团队的关系就像是一个圆与这个圆的内接三角形之间的关系，在团队的范围内必须张扬个性，但是尺度不能超出所定区域。

2. 团队精神的核心是协同合作

"夫尺有所短，寸有所长，物有所不足。"在这个社会中，即使再聪明的人也会遇到难以逾越的障碍。正如五味相调可成就佳肴，六律相和能奏出美妙的乐章，团队合作是实现共振双赢的关键。团队中鼓励个性的展现，但个性表达应与团队协作相协调，树立整体意识，关注团队需求。毕竟，我们共同划着"龙舟"，团队的成败得失紧密相连，互相扶持与调节是避免连锁反应、保障团队和谐发展的必要条件。"人人为我，我为人人"的精神在这里得到了体现。因此，团队成员之间应建立信任、互相依赖的关系，实现优势互补，发挥积极的协同效应。个体力量虽微，但当众多力量汇聚一堂，个人追求与团队目标紧密结合，我们便能坚信团队的力量将超越个体之和，实现"1+1 > 2"的效果。

3. 团队精神的动力是共同目标

确立共同的目标和期望是组建团队的基础，并为团队发展提供动力。一个富有想象力和吸引力的目标，是团队成功的关键。只有当团队拥有明确的目标时，成员们才会坚定不移地为之共同努力。在团队协作中，只有当团队目标实现，即团队取得成功时，个人才能获得真正的成功。脱离团队目标这一共同价值观，即便个人目标达成，也无法产生实质性的价值。因此，具备团队精神的人应当怀着强烈的责任感，充满活力和热情，为完成团队所赋予的使命而努力，与团队成员携手共进，积极创新，共同工作。

四、化解团队冲突的生命智慧

冲突是一种常见的社会现象，是人类社会关系的一个组成部分，普遍存在于社会关系的各领域。团队也不例外，冲突的发生总是令人感到不快，但也难以避免。

（一）团队冲突的原因

团队冲突的来源是团队成员之间的内在动机、欲望、价值观的不同表现。团队冲突主要有四个方面的原因：

1. 个体差异

个体之间在性格上存在显著差异，这些差异主要源于遗传和成长环境的多样性。除此之外，教育、文化、社会道德等因素也会对个体的态度和行为产生影响，进而塑造其价值观。价值观作为行为模式的指导原则，对个人决策和行为具有深远影响。因此，由于价值观的多元性，个体在态度和行为上也会展现出差异性。这些差异在团队协作中可能导致潜在甚至不可避免的冲突。

2. 认知差异

个体的认知差异导致了他们对所处环境中事件的不同理解和评价。例如，面对同一事件，有部分人可能表示认同和赞赏，而有另外一部分人可能选择回避、感到沮丧，或者持对立和抵制的态度。这种认知上的多样性与团队成员的知识结构、工作经验以及成长背景密切相关。因此，认知差异可能引发团队内部的冲突。

3. 能力差异

环境变化是不可避免的。面对宏观环境的变化，具有较强创新精神的人能够及时适应并积极跟上时代的发展；相反，一些人的适应能力较弱，难以应对复杂的转型，满足于现状，行动迟缓。在这种背景下，那些快速适应者和缓慢适应者之间，以及适应者和不适应者之间，很可能会在行动上产生冲突。

4. 误解或怀疑

斯蒂芬·P.罗宾斯将团队冲突视为一种动态过程，其始于一方感知到另一方对其重视的事务产生了或可能产生负面影响。这种感知并不总是基于客观事实，它可能源自误解或猜疑。

（二）智慧化解团队冲突

团队协作中，由于个体性格、价值观念、角色认知、思维模式等因素的差异，团队成员间往往存在显著的心理分歧。这些心理差异所引发的冲突，不仅对团队合作的成效产生深远影响，而且可能导致成员行为的不协调，进而使团队目标难以达成。为此，我们应秉持"低、忍、和"三原则，来有效解决这些冲突。

1. 低——放低姿态

在与他人交往时，赢得对方的认可、欣赏和信赖是至关重要的。这涉及我们在社交场合的表现方式。一些人骄傲自大、趾高气扬，不把别人放在眼里。这种态度怎么可能赢得他人的心呢？哈佛大学的人际关系学教授约翰·杜威曾指出："人类本质中最殷切的需求是渴望被肯定。"那么，如何做到这一点呢？

《孟子·齐桓晋文之事》中的名言"他人有心，予忖度之"，揭示了一个获得他人欣赏的关键秘诀。这并不是要我们虚伪地敷衍朋友，而是要学会在言谈和行动中保持谦逊和低调，保持警惕，学会认真倾听别人的话语，并深入理解他人的想法。换位思考，尽量体谅对方的心情，这样才能获得团队中其他成员的理解和支持。

2. 忍——退一步海阔天空

忍让之"让"，乃予、舍、避、退、亏之意。忍让是一种品德，不争名利，关爱他人；忍让是一种智慧，患得患失是人生苦恼的根源；忍让是战略，服从人生大目标；忍让是一种战术，退是为了进，舍是为了取，十分讲究方法和技巧；忍让是一种情商，能让人时且让人，能饶人处得饶人。

在团队中，每个人都会遇到与自己观点和行为方式不同的人。这些差异可能涉及深层的价值观、处世哲学，也可能仅仅是对某个具体事件或事物的看法和评论。这些差异往往会导致人与人之间的争执和辩论。在我们周围，辩论无处不在：无论是关于一场电影、一部小说，还是一项特殊事件或一个社会问题，都可能引发热烈的争论。由于各方都力图推翻对方的观点，确立自己的看法，争论往往让人感到不愉快，容易使我们良好的交际愿望落空。

3. 和——和合相生 和而不同

"和"作为中国传统哲学的核心理念，已深深植根于人们的内心，并在各个领域得到体现。正如儒家所倡导的"和为贵"，兵家所论述的"天时不如地利，地利不如人和"，以及治家、经商、治国等方面所强调的和谐共处，都表明了"和"在人生中的重要地位。自古以来，"和"一直是贤者仁人所追求的理想境界。在我们周围，我们可以找到许多以和为贵的典范，而在历史上，追求和谐、宽容和大度的例子更是数不胜数。这一切都在不断提醒我们"以和为贵"。"和"不仅是一条实践原则，更是中国传统文化中"和合"文化的精髓。

"和合"一词的最早出处则见于《国语》"夏禹能单平水土，以品处庶类者也，商契能和合五教，以保于百姓者也。"（《国语·郑语》）意即商契能和合父义、母慈、兄友、弟恭、子孝"五教"，使百姓安定和谐地相处与生活。《国语·郑语》中记载了西周末年史伯论和同关系的故事，"夫和实生物，同则不继。以他平他谓之和，故能丰长而物归之；若以同裨同，尽乃弃矣。故先王以土与金、木、水、火杂，以成百物。"证明了"和"是人们对于客观事物、日常生活、社会政治、养生卫体等矛盾多样性的统一与和谐在思维形式中的反映，是对矛盾对立的多种统一形式的认识。

作为百家之首的儒家，无论是孔子的"礼之用，和为贵"还是"君子和而不同，小人同而不和"的论述，都强调了公心爱物、恰到好处地对待自己和别人的重要性。我们提倡"和"，并非要求人们盲目附和、讲求一团和气，而是为了追求一种团结进取的、和谐的人际关系，追求工作、学习上互帮互助的氛围和对人对己宽容大度的气量。

"和"是成就大业的良好环境，是每个人都渴望追求的目标。一个和睦的家庭会让人感到温暖，一个和谐的人际关系会使人感到舒畅，一个和平的环境会使人安心地搞建设，一个祥和的气氛会让人世充满温暖。

（三）竞争的人生 VS 人生的竞争

"和"在今天仍是一条协调人际关系的重要原则。社会生活的多样化、复杂化使人与人之间产生种种不和，不和就会产生分歧，有了分歧就会导致摩擦，摩擦导致矛盾，矛盾激化就会导致争斗。特别是当人们之间有利益冲突时，斗争就在所难免了，而且斗争的方法也举不胜举。

孔子曾言，君子之争，鲜矣。若必欲有所争，则以射为尚。射者，礼之器也，登堂入室，必先以礼；饮酒相庆，亦以礼终。彼此谦让，不失君子之风范。君子之争，非争物欲之利，而求内在德行之提升。与庸者争，胜之不武；与高手争，参与即胜。无论胜败，皆需保持谦逊之态，此乃孔子论射之深意，亦显其射艺之精湛。

射礼之中，胜者若得意忘形，实为大忌。胜者当鞠躬作揖，以示谦让，使败者亦能心服口服。竞技之时，勿过于追求胜负，须知人外有人，天外有天。此时应有自嘲之智，幽默之心，以己之长，度人之短。

体育竞技虽有年龄之限，但修养德行之路无尽。读书学习，心性灵性之提升，皆为长期之道。竞争之本质，在于公平、公正，尤在于德行修养之竞争。此道无人可与你争，而天下人皆可为敌。

因此，在这个全球一体的新时代，我们应该将"竞争的人生"置换成"人生的竞争"。所谓"人生的竞争"，指的是人们从"人之生"而非"物之生"的存在本体来看待竞争的观念，自觉地将人类与物类区别开来，意识到：人间的竞争与动物弱肉强食式的竞争有着本质性的区别。人不仅有身体的部分，更有异于其他物类的精神方面，还有累积而成的深厚的文明与文化传统，更有着规范行为的道德与法律。所以，人间的竞争就不应该，也不需要是你死我活般的争胜，而要实现"双赢"：竞争双方不是胜一方败一方、活一方死一方，而是双方皆各有所得、各有所赢、共获利益。21世纪的竞争带给人类的最佳结局，不应该是胜与负而是合作，是携手并进，共促发展，皆大欢喜。

2023年4月17日，外交部发言人汪文斌在主持例行记者会时介绍到："31年前，在联合国邀请下，中国向联合国柬埔寨权力过渡机构派出工程兵部队，标志着中国首次派遣成建制'蓝盔部队'参与联合国维和行动。31年来，中国共派出维和人员5万多人次，赴20多个国家和地区参加近30项联合国维和行动，先后有25名维和人员献出宝贵生命。作为派遣维和人员最多的安理会常任理事国和联合国第二大维和摊款国，中国已经成为联合国维和行动的关键力量。从黎以边境'蓝线'雷区，到南苏丹、马里、刚果（金），中国'蓝盔战士'为了维护世界和平担当作为、负重前行，多次荣获联合国'和平荣誉勋章'，得到各方高度肯定。在战火频仍的维和任务区，中国维和官兵用汗水和青春播种和平的种子，用热血和生命撑起一片片和平的蓝天。维护联合国宪章的宗旨和原则、促进世界和平、推动构建人类命运共同体，是中国参加联合国维和行动的初心和使命。我们将继续践行真正的多边主义，践行全球安全倡议，为弥补人类和平赤字、完善全球安全治理贡献中国智慧和力量。"维和部队作为维护世界和平的重要力量，不仅承载着保护平民、维护治安的使命，更在行动中展现了生命共同体和人类命运共同体的深刻内涵。他们不仅在冲突地区为当地人民创造安全稳定的环境，还积极参与人道救援、环境保护等工作，提供更多公共服务产品，努力点亮当地人民发展的希望。这些行动体现了中国军队对全人类和平与发展的深切关怀和责任担当，是彰显人类命运共同体意识的生动实践。

2015 年感动中国"向抗击埃博拉病毒中国援非医疗队"表达了年度致敬。2014 年 3 月，埃博拉疫情突然在西非爆发。这是一种人类束手无策的病毒，感染性强，死亡率极高。几内亚、利比里亚、塞拉利昂等三个国家成为重灾区。而且疫情正在不断蔓延，威胁着周边国家的安全。

疫情最早出现在几内亚，第一例埃博拉患者就是由中国医生曹广亲自接诊的，曹广曾徒手翻开患者的眼皮检查瞳孔，他也成为距离埃博拉最近的中国人。这名患者在入院后第二天死亡。随后 20 天，医院接诊了 12 名感染者，有 9 名几内亚医护人员被感染，6 名死亡。曾科学医生的留言："2014 年非洲大陆笼罩在埃博拉的恐怖气息下，我们远渡重洋来到这片土地，为了祖国赋予的使命，奋战在死亡的最前沿，坚守在危险的最边缘，今天祖国给予我们感动中国的这座奖杯，我们只想对祖国讲，不是我们感动中国，而是因为有伟大的祖国我们才被感动！"医生曹广被隔离 21 天，21 天，他用微博向全世界直播埃博拉疫情，被网友称为"真正的勇士"。在美国、日本等国医疗队撤离时，中国医疗队没撤离，继续提供大量医疗物资、医疗队和专业防疫队员。特殊时期，他们的表现起到稳定人心的作用，在全世界关注下，彰显中国医疗团队的大爱精神。

病毒是全人类的敌人，应对埃博拉疫情不仅是西非三国的事情，也是国际社会共同的责任。迄今，在当地支持并参与疫情防控工作的中国医务人员累计有近 600 名，并已向 13 个非洲国家提供了 4 轮价值约 7.5 亿元人民币的紧急援助。这是中华人民共和国成立以来卫生领域最大的一次援外行动。

在抗疫的艰难时刻，中国人民与世界人民站在一起，患难与共、风雨同舟。在疫情中，世界看到了中国的使命，也看到了中国作为负责任大国的担当。正如习近平总书记所说："这个世界，各国相互联系、相互依存的程度空前加深，人类生活在同一个地球村里，生活在历史和现实交汇的同一个时空里，越来越成为你中有我、我中有你的命运共同体。"

地球生命本源是相通的，源于天地自然，亦回归于天地自然；人与人在生命之本质上为"一"，故而整个人类在生命存在的意义上是一个"共同体"，学会与他人、与社会、与动植物、与整个大自然和谐相处，共存共荣。如能从"生命共同体"原理出发，要以地球——"蓝色救生艇"上一"乘客"的生存状态升华为"生命共同体"的人生观，将"竞争的人生"调整为"人生的竞争"，不是弱肉强食的你死我活，而是实现自我超越与和谐共赢，学会与他人、社会自然、宇宙和谐相处，共存共荣。

【聚焦归纳框】

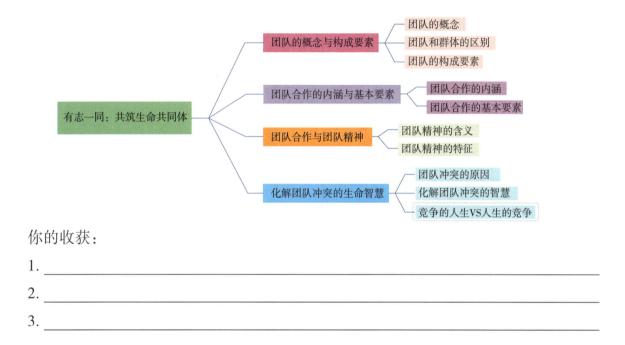

你的收获：

1. _____

2. _____

3. _____

【成长训练营】

　　微软公司拟招聘两名人员，很多人前来面试。经过初步筛选，最后留下 12 个人竞争两个岗位，他们被要求将房间里的木箱移动到指定区域。12 个竞聘者迅速走进了各自的房间。他们发现，房间里除了大木箱外，还有棍子、绳子、锤子等很多工具。木箱非常重，怎么也推不动，想搬起一个角都难。测试结束时，除了两个人提前把木箱推到指定区域外，其余十个人均没有完成任务，有的甚至没有把木箱移动分毫。面试官问那两个提前完成任务的人，"你们是怎么推动木箱的？"他们回答道："我们两个人一起推一个木箱，推完一个再一起推下一个。"面试官微笑着说："欢迎你们加入微软，这次测试的本意就是要告诉大家，只有善于合作的人才能获得成功，鼓励个人竞争不假，但我们微软更加注重团队合作精神。"

　　结合故事谈谈你对"竞争的人生与人生的竞争"这句话的理解。

专题五　生涯彩虹：把握人生方向盘

"人无远虑，必有近忧"——《论语》

【专题导航栏】

　　步入职业中学的你，对未来职业生涯是否已有深思熟虑的规划？各项安排是否已妥当？或许你正自省：如何为自己定位？如何为前途做好准备？如何规划自己的职业生涯路径？又如何安排一种属于自己的理想生活状态？本专题旨在提升我们的生涯自主意识与责任感，加深我们对生涯规划意义的理解，助力个人生涯的自主定向。

【活动体验营】

绘制生涯彩虹图

　　首先，明确彩虹图（图5-1）中应包含的角色。接着，将各个角色转换为对应的角色光谱颜色，并将这些颜色填写至彩虹中央。每一圈光谱色代表一个角色。随后，根据不同时期角色的重要程度和占比，使用不同粗细的线条描绘在各个角色的光谱带上，以此象征在不同时间范围内，针对不同角色所投入的心力和时间。最后，对于角色重要性或占比急剧变化的情况，采用色块粗细的变化进行表示。

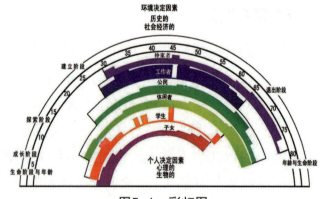

图5-1　彩虹图

　　讨论分享：

　　1. 你对个人绘制的"生涯彩虹图"有何感悟？

　　2. 请思考未来20年你在不同的角色上要完成的事情或目标。

【生命智慧窗】

有这样一道算术题：

$$80 \times 365 = 29\ 200$$

$$29\ 200 \times 24 = 700\ 800$$

$$700\ 800 \times 60 = 42\ 048\ 000$$

$$42\ 048\ 000 \times 60 = 2\ 522\ 880\ 000$$

这几行算式有什么含义？这是著名作家冰心在 80 岁生日时所做的算术题，测度自己已经走过的岁月。假设我们也能活到 80 岁，那么 29 200 天、700 800 小时、42 048 000 分钟、2 522 880 000 秒，将构成了我们生命的全部，就是我们生命的时长。

自出生起，我们已度过十几个春秋，是否也曾像冰心老人那样反思过自己的生命历程？何不拿起笔来计算，到现在为止，我们已经消耗了多少分秒？多少时日？我们的生命库存还有多少？

在如此珍贵的人生旅程中，我们怎能随随便便、浑浑噩噩度日？显然，我们应当深思熟虑，精心规划，致力于探索生命真谛，充实生命内涵，提高生命品质。

一、生涯概述

我们虽然无法决定生命的长度，却可以努力拓展生命的宽度；我们无法使过去的时光逆转，却可以通过生涯规划，努力把握现在和将来，促进生命的成熟与成长。让我们用心去感受，用爱去珍惜，用行动去创造，让生命绽放出最美的光芒。

（一）生涯的含义与特性

1. 生涯的含义

生涯一词出于《庄子·养生主》："吾生也有涯，而知也无涯。"南朝沈炯《独酌谣》"生涯本漫漫，神理暂超超"等。生为生命，涯为边际、极限。《辞海》中"生涯"的定义是：从事某种活动或职业的生活。

在西方，"生涯"重点强调从事职业生涯的过程。我们认为职业是生涯的一部分。[1]生涯与职业的关系非常密切，但是两者并不等同。林幸台对"生涯"概念的界定是，"生涯包括个人一生中所从事的工作，以及其担任的职务、角色，但同时也涉及其他非工作、非职业的活动，以及个人生活中衣食住行娱乐各方面的活动与经验。"更强调对

---

[1]　林清文. 大学生生涯发展与规划手册［M］.2 版. 台北：心理出版社，2001.

整体生命进行全面规划与实践并从中发现意义的历程。

2. 生涯的特性

生涯既然包括一个人一生的工作及其生活方式，那么思索生涯的问题就必然会牵涉以下八个特性：

（1）终身性：生涯发展是一个人一生中连续不断的过程，包括了个人在不同阶段所扮演的各种角色和职位。

（2）方向性：生涯是生活中、职业中各种事态连续发展演进的一个方向，基于个体的自我认知、兴趣、特质、能力等方面共同决定。

（3）时间性：生涯是一个依序发展的过程，从过去的职业选择到现在的职业选择，再到未来的职业选择，每个阶段的选择都受到之前阶段的影响。

（4）独特性：每个人的生涯都是独一无二的，即使看似相同的生涯发展路径，也因为个体在职位和角色上的表现方式不同而具有独特性。

（5）阶段性：每个人的职业生涯发展过程都有着不同的发展阶段，可以分为不同的时期。人在不同的生涯阶段有着不同的目标和任务，职业生涯各阶段之间具有递进性。

（6）相关性：生涯发展与个人的兴趣、性格、优势特长等都有较为紧密的相关性。如果脱离了这个主题，职业生涯规划目标的制定也往往容易脱离现实。

（7）可实现性：成功的职业生涯规划需要考虑到现实情况，并结合个人的自身条件，确保制定的目标能够实现。

（8）适时性：职业生涯规划是预测未来的行动，确定将来的目标，因此各项主要活动，何时实施、何时完成，都应有时间和时序上的详细安排，以作为检查行动的依据。

（二）生涯需求

生涯需求在不同阶段和职业发展中可能会有所不同，但它们共同构成了个人职业生活的重要组成部分。了解并满足这些需求，有助于个人在职场中取得更好的发展和成就。

美国心理学家马斯洛[①]（A. H. Maslow）把人的需求分为五个层次，如图 5-2 所示，就像一座金字塔。

---

① 马斯洛（Abraham Harold Maslow，1908—1970）是美国的一位心理学家，早期曾经从事动物社会心理学的研究，之后转入人类的社会心理学研究。代表作有《人类动机的理论》《动机与人格》《存在心理学导言》等。

图5-2　马斯洛需求层次理论（模型）

生理需求：这是人类最基本的需求，包括食物、衣物、住所、交通和性等方面的需求。这些需求必须得到满足，否则会有生命危险。生理需求是人们行动的强烈动力。

安全需求：当生理需求得到满足后，人们会寻求安全，这包括身体和情感的安全。安全需求涉及工作、生活稳定、避免灾难和未来的保障。这些需求比生理需求更高层次，需要在生理需求满足后得到保障。

社交需求（归属与爱的需求）：这是个人希望得到家庭、团体、朋友和同事的关心、爱护和理解的需求。它涉及友情、信任、温暖和爱情。社交需求比生理和安全需求更加细腻和复杂，与个人的性格、经历和生活环境等因素有关。

尊重需求：包括自我尊重、自我评价和对别人的尊重。尊重需求很少能够完全满足，但基本的满足可以产生动力。

自我实现需求：这是最高层次的需求，指的是个人完成与自己能力相称的工作，充分发挥潜在能力，成为期望中的自己。自我实现需求是创造性的需求，涉及竭尽全力、追求完美和全神贯注地体验生活。

马斯洛认为，人们总是要发展自己，达到自我实现的状态。这五种需求按照层次逐级上升，当下一个层次的需求得到满足后，人们会追求更高层次的需求。

（三）生涯发展阶段

美国心理学家埃里克森（E. H. Erikson）认为，人从出生到死亡，其生命成长可分为八个阶段。这八个发展阶段的顺序是由遗传因素决定的，因而是递进的，如表5-1所示。

在埃里克森的发展观中，前一个阶段危机的解决对后一个阶段危机的解决会产生重要的影响，如果前一个危机成功解决了，会有利于下面的危机的解决。但对于每一个人来说，随着年龄的增长，如果没有成功地解决某一个人格危机，人格的发展也不会停滞，它会陆续地经历人格发展的八个阶段。只不过在这个阶段中，人格危机是否得到成功地解决，决定着人格的发展方向是否朝着有利于个体健康发展的方向进行而已。而且成功的危机解决有助于自我力量的增强和对环境的适应，不成功的危机解决则会削弱自我的力量，阻碍对环境的适应。人格发展方向健康且成功地解决了所有危机的个体，到了老年才会产生满足感。

表 5-1 埃里克森的心理社会性发展阶段

顺序	年龄阶段	发展任务	充分解决	不充分解决
1	0 ~ 1.5 岁	信任对不信任	基本信任感	不安全感、焦虑
2	1.5 ~ 3 岁	自主性对羞愧和自我怀疑	知道自己有能力控制自己的身体、做某些事情	感到无法完全控制事情
3	3 ~ 6 岁	主动性对内疚感	相信自己是发起者、创造者	感到自己没有价值
4	6 ~ 12 岁	勤奋感对自卑感	丰富的社会技能和认知技能	缺乏自信心，有失败感
5	12 ~ 19 岁	自我同一性对角色混乱	自我认同感形成，明白自己是谁，接受并欣赏自己	感到自己是充满混乱的、变化不定的，不清楚自己是谁
6	19 ~ 25 岁	亲密感对孤独感	有能力与他人建立亲密的、需要承诺的关系	感到孤独、隔绝，否认需要亲密感
7	25 ~ 50 岁	繁衍感对停滞感	更关注家庭、社会和后代	过分自我关注，缺乏未来的定向
8	50 岁以后	自我完善对失望感	完善感，对自己的一生感到满足	感到无用和沮丧

正值中职阶段的我们，主要任务是发展自我同一性对角色混乱问题，及早了解人生任务可以促使我们拥有一个更有意义的人生。

二、生涯发展规划

朱德庸的漫画《我还没准备好》，生动地描绘了人生一连串的"没有准备好"。"我还没准备好出生就出生了；我还没准备好上学就上学了；我还没准备好毕业就毕业了；我还没准备好上班就上班了；我还没准备好恋爱就恋爱了；

我还没准备好结婚就结婚了；我还没准备好做爸爸就做爸爸了；我还没准备好老就已经老了；为什么人生总是比我先一步准备好……"

人生历程犹如受到一股无形的力量驱使，时而向前，时而向后，或左右摇摆，仿佛鲜有机会得以歇息。要实现从被动应对向主动把握人生的转变，关键在于进行职业生涯规划。若将"我尚未做好准备"的思维转变为"我期望实现……"，那么人生将变得更加从容自若。

（一）心理学视域下的生涯规划

1. 霍兰德职业性格测试

在预设个人职业生涯规划之前，我们可以借助霍兰德职业性格测试（Holland Codes）了解自身的性格特质以及适宜的职业发展方向。该测试是美国心理学家约翰·霍兰德（John L. Holland）于 20 世纪 60 年代所创建，旨在评估个人的职业兴趣和性格特点。这一理论主张，个体的职业兴趣可以从现实型（Realistic）、研究型（Investigative）、艺术型（Artistic）、社会型（Social）、企业型（Enterprising）和常规型（Conventional）六个维度进行描述。这六种类型分别代表了不同的人格特质和职业倾向，以下为各类型的详细阐述：

（1）现实型。现实型的人喜欢与具体的物体和工具打交道，他们注重技能和实际成果。这类人通常具备良好的动手能力和操作技能，适合从事工程技术、制造业、建筑等领域的工作。

（2）研究型。研究型的人喜欢探究原理、解决问题，注重知识和学术研究。他们通常具备较强的逻辑思维和分析能力，适合从事科学研究、数据分析、学术研究等领域的工作。

（3）艺术型。艺术型的人喜欢通过创造、想象和审美来进行工作，注重艺术表现和自我表达。他们通常具备较强的创造力、直觉和审美能力，适合从事艺术、设计、文学创作等领域的工作。

（4）社会型。社会型的人喜欢与人合作、帮助他人解决问题，注重人际关系和社会服务。他们通常具备良好的沟通能力和同情心，适合从事教育、医疗、社会服务等领域的工作。

（5）企业型。企业型的人喜欢管理、决策和领导他人，注重竞争和成就。他们通常具备较强的领导能力、自信心和社交能力，适合从事商业、管理、创业等领域的工作。

（6）常规型。常规型的人喜欢组织和处理信息，注重准确性和规范性。他们通常具备良好的组织能力、注意细节和遵守规则，适合从事行政、财务、数据处理等领域的工作。

霍兰德职业性格测试旨在助力个人洞察自身职业兴趣与性格特质，为职业或学术道路的选择提供借鉴。在我国，该理论已融入职业规划与教育指导领域，助力学生认识自身兴趣与优势，做出更为恰当的职业抉择。在进行此项测试时，参与者需针对个人兴趣、价值观及动机等方面回答一系列问题，据此分析得出职业兴趣类型。进而，依据职业兴趣类别，探寻适合自己的职业领域与发展途径。

需明确的是，霍兰德职业性格测试并非绝对可靠，个体在不同的成长阶段及环境背景下，其职业兴趣与性格特点可能发生改变。因此在制定职业规划时，应结合个人实际状况与市场需求综合考量，以选择适宜的职业发展路径。

2. 生涯阶梯

小时候谁没有写过以"我的志向"为题的作文呢？在那些文字中，我们认真地表达过"想经营一家糕点店，每天都能品尝美味的糕点""希望成为一名像母亲一样的教师，赢得他人的尊敬""梦想成为一名宇航员，探索遥远的太空"等童年梦想。那时的愿望是如此的理想化。然而，随着年龄的增长，我们的理想逐渐变得现实。在学业压力日益增大，遭遇考试失败时，我们的目标往往会发生变化。许多人逐渐放弃了曾经的"伟大"梦想，开始务实地思考自己的才能和适合的发展方向。尽管心中充满了不甘、迷茫与困惑，但这也是我们成长过程中必经的阶段。

这正好符合舒伯的见解：人们从儿童时期便开始对职业生涯进行规划，直至生命的终结。这一过程宛如攀登楼梯，需逐级而上，共计十个台阶，如图5-3所示。

年龄	阶段	内容
65岁	生涯退离期	做以前一直想做的事
44岁	生涯维持期	想做重要的事
30岁	生涯建立期	想做成功的事
24岁	生涯承诺投入期	想做该做的事
21岁	生涯试验承诺期	想做要做的事
17岁	生涯过渡期	想做充实的事
14岁	生涯试探期	想做可行的事
12岁	生涯能力期	想做能做的事
10岁	生涯兴趣期	想做喜欢的事
4岁	生涯幻想期	想做伟大的事

5-3　生涯规划阶梯[①]

① 林绮云，李玉婵，李佩怡.生涯规划［M］.1版.台北：华都文化事业有限公司，2012：283.

在小学的低年级阶段，我们对自己的未来充满幻想，认为自己是科学家、杰出的行业者等。到了高年级，我们开始将"自己喜欢做的事"视为理想，梦想成为明星、教师等具体职业。进入中学后，我们开始根据自己的能力考虑未来的职业道路，有的人可能会选择进入职业中学，而不是升入普通高中。

在 17 ~ 18 岁的时候，我们可能会进入所选的学校接受专业训练，或者直接进入就业市场。这一时期的经历让我们更清楚地认识到自己的喜好与现实的差距，我们可能会想要做更多充实自我的事情，考虑进一步学习。随后，我们会大致选择一种职业，并尝试这种职业是否真的适合自己。如果不适合，我们可能会重新探索和选择。大多数人在 25 ~ 30 岁会进入一个相对确定的职业领域，希望能够稳定下来，做自己应该做的事情。但是，生活或工作的变动可能会让我们再次考虑转换工作，比如结婚、生育或薪金问题。30 岁以后，人们较少转换工作，而是追求在现有职业中取得成功，渴望升迁或获得更高职位。到了 40 ~ 50 岁，我们通常在自己的职业领域取得了相当的成就，或者无法再获得升迁，这时生涯的重点在于维持现有的成就和地位，希望自己的工作得到肯定和喜爱。最后，随着老化和退休的到来，我们可能会在退休生活中寻找新的方向，为自己的职业生涯画上圆满的句号。

人生犹如攀登楼梯，随着年龄的增长，我们自然而然地开始思考未来的道路。职业生涯规划，即提前思考未来想做什么、如何去做，并付诸实践。首先，要深入了解自己，同时熟悉周围环境，探寻可能的职业道路。其次，对这些道路进行比较，选择最合适的一条，并设定目标。最后，朝着这个目标着手去做，并根据实际情况不断调整目标。这个过程是持续循环的，因为每当实现一个职业目标，新的目标便会浮现，只要我们继续生活，这个过程就不会停止。

（二）儒家视域下的生涯规划

生涯探索与规划的核心目标，在于为我们提供一种有效的手段或工具，使我们有能力在各个发展阶段对自己进行深入的认识，从而为自己设计出一个辉煌的人生。儒家将学问与实践相结合，正如《礼记》中所言："博学之，审问之，慎思之，明辨之，笃行之。"这意味着，我们要广泛学习，深入探究，深思熟虑，清晰辨别，并付诸实践。因此，儒家生涯规划应包括以下五个阶段：博学、审问、慎思、明辨、笃行。

（1）博学。儒家强调广泛学习，如《论语·雍也篇》所说："君子博学以文，约之以礼，亦可以弗畔矣夫。"《论语·子罕》颜渊曰："夫子循循然善诱人，博我以文，约我以礼。"孔子还提到："博学而笃志，切问而近思，仁在其中矣。"（《论语·子张篇》)荀子也表示："君子博学而日参省乎己，则知明而行无过矣。"（《荀子·劝学篇》）博学即广泛求知，以丰富我们的知识和能力，这可以称为"生涯觉察"阶段。

（2）审问。"审""慎"意味深长，"审问"即慎重提问，详细询问。儒家倡导积极提问，孔子曾说："入太庙，每事问。"并且主张"不耻下问"。曾子也强调多问，他说："以能问于不能，以多问于寡，有若无，实若虚。"（《论语·阳货篇》）这些都是儒家积极提问的体现。审问可以帮助我们答疑解惑，扩大知识面，以此深入了解自己的性格、才能、兴趣，并熟悉周围环境。这一阶段可称为"生涯探索"阶段。

（3）慎思。"慎思"即谨慎思考。孔子曾提到："吾尝终日不食，终夜不寝，以思无益，不如学也。"（《论语·述而篇》）孔子认为季文子三思而后行，但他建议只需再思考一次。这是孔子"慎思"的明证。慎思有助于明确方向，让人知道应该在哪些方面努力，如何用正当手段为实现目标创造条件，从而使目标得以顺利实现。因此，正确的方向是将失败归因于命运，减轻心理负担，将更多精力投入到自我提升中，争取下一次的成功。这一阶段可称为"生涯目标"阶段。

（4）明辨。在"博学"以拓展知识、"审问"以解决疑惑、"慎思"以明确方向之后，我们需要"明辨"来判断事物的真伪。没有经过"明辨"，我们难以做出明智的选择。因此，"明辨"就是智慧的抉择。明辨要求我们清楚地分辨是非，做出正确的选择。《中庸》提到："有弗辨，辨之弗明，弗措也。"这是儒家"明辨"的标准。明辨的方法包括孔子的"欲"与"刚"之辨、"严"与"威"之辨、"恭"与"敬"之辨、"直"与"信"之辨；孟子的"大勇"与"小勇"之辨、"不为"与"不能"之辨，都足以启发我们做出正确的抉择。这一阶段可称为"生涯决策"阶段。

（5）笃行。即付诸实践。荀子表示："学至于行而止矣。"（《荀子·儒效篇》）孔子也主张："躬行实践。"因此，他认为学而不行等于不学，行之不笃等于不行。《中庸》也提到："有弗行，行之弗笃，弗措也。"知与行为一体，知而能行才是真知，知而不行等于不知。因此，"笃行"是"学、问、思、辨"的成果。笃行的方法包括努力实践，如《中庸》所言："人一能之，己百之；人十能之，己千之。果能此道矣，虽愚必明，虽柔必强。"这样看来，"笃行"的结果，便能改变气质，达成目标。这一阶段可称为"生涯行动"阶段。

总之，儒家视域下的生涯规划，从博学到审问，从审问到慎思，从慎思到明辨，从明辨到笃行，一步一步深入，一层一层展开，最终以实践作为归宿。

生涯规划是生命成长的需要，是生命潜能的开发与实现的过程。在这个过程中，我们一定要学会"统筹兼顾"，兼顾生命的多元和多维发展需求，尊重本能，整合自我，关注需求，丰富心灵，实现生命的意义与价值，方为生涯规划的根本目的。

三、中职生生涯规划与实施

一段广为流传的话是这样描述的："曾经有一份宝贵的学校生活摆在我的面前，我却没有珍惜。等到时间流逝后，我才悔恨不已，人生中最痛苦的事情莫过于此！如果上天给我一次重新进入学校学习的机会，我会对学校生活说三个字：'规划它！'如果要在这三个字前面加一个期限，我会毫不犹豫地说：'立刻！'"

中职生涯规划是一种通过对未来中职学习生活道路的提前设计，并实施相应的措施，以在中职学习生活中取得更大成就的一种新型生活管理活动。合理的生活规划可以帮助中职生设定明确的发展目标、发展前景及发展路径；同时，它也可以帮助中职生学会有效管理时间和分配精力，将其投入到最有价值的事情上，以实现更大的成功。

（一）中职生涯规划是快乐学习的加油站

中等职业教育阶段在个人职业生涯发展中占据着极其关键的地位。依据美国学者施恩的职业生涯发展理论，中等职业教育阶段可视为职业生涯探索的关键时期，主要完成以下三大任务：

第一项任务——发展和发现自己的需要和兴趣。尝试通过体验不同课程与活动，深入认识自我兴趣与倾向，这对其未来职业方向的定位至关重要。学校应提供职业发展指导，协助我们了解各行各业的特性与要求，从而做出更加明智的职业选择。

第二项任务——学习和掌握职业技能。中职生需要通过系统地学习和实践，精通专业技能。这不仅包括专业知识的学习，还包括实际操作技能的培训。中职学校会与企业深度合作，为我们提供实习和实训机会，以实现学以致用，提高职场竞争力。

第三项任务——建立职业网络和职业认同。需要我们积极与教师、同学及行业专家建立联系，培养对特定职业领域的归属感。学校也应举办职业讲座和交流活动，使中职生能够洞察行业脉动，构筑职业关系网。

综上所述，中职生应全面准备，从心理、知识、技能等多方面进行自我塑造，并以此为基础做出理智的职业选择。对即将步入的职场要有充分的心理准备和合理预期，以便能迅速适应工作性质、劳动强度、工作时间、工作方式以及职场的人际关系，顺利实现从学生到职业人的角色转换。

（二）中职生活中的五项修炼与四个发展阶段

作为未来的职业人，中职生需要培养的核心素质包括专业知识、技术技能、职业道德、身心健康和社会实践能力。这些素质相互支撑，共同构成了中职生全面发展的基石。因此，中职生应在学习生涯的不同阶段，有针对性地提升这些素质，以增强自身的核心竞争力。

第一阶段——起步阶段。重点是适应中职生活，建立良好的学习习惯，形成积极的人际关系，认识自我与社会，明确个人价值观和人生目标，进行初步的职业探索。此阶段的重点在于培养职业道德、提升人文素养和增强身心健康。

第二阶段——成长阶段。在这个阶段，学生应通过心理测评等工具深入认识自己，明确职业方向，调整学习目标。同时，参与人文、专业知识讲座，社会实践和志愿者活动，以及技能竞赛，重点提升专业知识和身心健康。

第三阶段——提升阶段。学生需要巩固职业方向，专注专业技能学习，积极参与实习和社会实践，收集目标职业信息，关注深造机会，加强与同行的交流。此阶段的重点是专业知识和职业技能的提升。

第四阶段——实战阶段。除了参与毕业实习，锻炼职业技能，积累职场经验外，学生还应准备好职场心理调适，积极参与招聘活动，利用学校资源，了解就业信息，强化求职技巧，全面准备职业生涯的启动。这个阶段的重点是职业技能和身心素质的强化。

"临渊羡鱼，不如退而结网；临渴掘井，毋宁未雨绸缪。"这句话告诉我们，面对未来的挑战，提前准备总是最明智的选择。作为中职生，我们需要对即将开始的中职学习生活进行周密的规划，并且持之以恒地去实施这些计划。我们要不断提升自己的专业技能和综合素质，以便能够迅速适应中职生活，并为未来的职业生涯打下坚实的基础。

【聚焦归纳框】

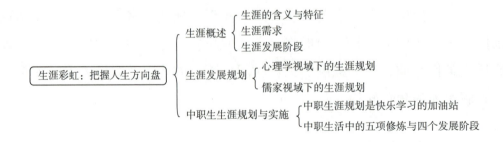

你的收获：

1. _____

2. _____

3. _____

【成长训练营】

探索下列问题并记录下与这些经历相关的反思，这将有助于你明确生活中最珍贵的事物。

（1）生活中有哪些时刻让你感到庆幸？

（2）有哪些经历让你感到愉悦？

（3）有哪些人或事让你心怀感激？

（4）有哪些成就让你感到骄傲？

（5）有哪些目标激励你不断前进？

专题六　谈情说爱：解开爱情密码锁

爱情的意义在于帮助对方提高，同时也提高自己。——车尔尼雪夫斯基[①]

【专题导航栏】

作为完整人生不可或缺的组成部分，爱情的确是值得深思熟虑的课题。本专题将从爱情三角理论、友情与爱情的关系、性爱与情爱、爱情与婚姻等多个角度，探讨如何建立健全且成熟的爱情观念，从而帮助我们妥善处理情感与恋爱的关系，以及如何从生活感觉的"性爱"过渡到生命安顿的"情爱"。

【活动体验营】

心有灵犀

首先，绘制一张名为"寻找最佳拍档"的海报（图6-1），如班级有50人，需先剪好形状各异的25张图卡，然后将每一张图卡一分为二。

图6-1　"寻找最佳拍档"海报

---

① 尼古拉·加夫里诺维奇·车尔尼雪夫斯基（英文：Nikolay Gavrilovich Chernyshevsky，1828年7月24日—1889年10月29日），俄国革命家、哲学家、作家和批评家，人本主义的代表人物。

其次，每人抽取一张卡片，然后签上自己的名字。

最后，单位时间内以最快的速度找到正确的"另一半"者获胜，经过核对后将组合好的图形粘在海报上。

讨论分享：

1. 你是如何寻找图形的"另一半"的？是主动寻找还是被动等待？

2. 在尚未找到与自己图形相匹配的"另一半"时，你的心情如何？

3. 你是如何看待这个游戏的过程的？你最深的感触是什么？

【生命智慧窗】

中职生正值青春年华，心中充满了对爱情的向往和好奇。然而，在这个美好的阶段，我们需要对爱情有一个正确而深刻的认识。爱情不仅仅是关于浪漫的约会和甜蜜的拥抱，它更关乎双方的责任、信任和付出。

一、爱情概述

（一）爱情的含义

爱情，这一神秘而美妙的力量，犹如阳光洒满心田，为我们带来无尽的温暖与力量。对于爱情，每个人都有着独特的理解，但其核心共识在于：它是人类情感中最高级的形式。谈及爱情，自然延伸到男人、女人、婚姻三个方面。

爱情是一种深刻而多维度的人类情感体验，它不仅包括对特定他人的强烈情感吸引和深厚的情感依恋，还体现在对对方幸福的深切关怀上。在爱情中的个体会对对方的幸福和福祉表现出极大的关心，愿意为对方做出牺牲和奉献。爱情关系中的个体会追求与对方的情感和身体的亲密接触，以及共享生活的各个方面，包括思想、感受、梦想和恐惧。不仅仅是情感的体验，还涉及对对方的认知和理解，包括对对方的需求、愿望和个性的深刻洞察。不同的文化和社会对爱情有不同的期待和规范。

综上所述，爱情是一个包含情感、认知、行为及社会文化等多重因素的复杂现象。它不仅仅是两个人之间简单的情感联系，而是一种深刻的人际关系和情感体验，体现了人的社会属性和自然属性的互动和影响。

中国动画短片《岁月无声》以深情细腻的笔触，展现了爱情的伟大与力量。影片讲述了一对老年夫妇从青涩的初恋，到携手走过风雨，共同面对人生的起起落落。从年轻时的羞涩牵手，到中年的相互扶持，再到老年的相互依靠，每一个阶段都充满了真挚的感情和动人的细节。当丈夫用尽最后的力气，为妻子披上大衣，为她遮挡住世间的风雨；当妻子在病榻前，紧握丈夫的双手，微笑着告别这个世界……那一刻，他们的一生得到了完美的诠释，相遇，相识，相知，相恋，相爱，相守；从青春的激情，到中年的稳重，再到老年的相互依靠，他们的爱情成为生命中最美丽的风景。

人们常说，爱情是人性诸多情感中最复杂、最细腻、最充满矛盾的情感统一体。在情爱生活中，许多问题的存在和发生并非孤立现象，而是与整个社会和时代的大环境紧密相连。现代生活方式和人生特质对爱情产生了深远影响。

（二）爱情的意义

莎士比亚曾言："爱情是永恒的追求，它激励我们不断努力，成为更完美的自己。"在人生的旅途中，爱情具有重大意义，主要体现在以下四个方面：

（1）自我认知的深化：爱情助力个体更深入地认识自我。在亲密关系中，人们常常面临自身的优点与不足，借助伴侣的反馈和沟通，个体能够更清晰地认识到自己的需求和欲望，从而推动自我认知的发展。

（2）情感智慧的增强：在爱情关系中，个体需学会应对诸如嫉妒、失望、冲突等复杂的情感问题。这些经历有助于提升个体的情感智慧，增强解决情感问题的能力，使个体在处理人际关系和其他生活挑战时更为成熟和理智。

（3）社会技能的提升：爱情关系常常涉及与伴侣家庭、朋友的交往，这要求个体在社会交往中展现出良好的沟通、协调和合作能力。通过这些社交互动，个体可以锻炼并提高自己的社会技能，更好地适应社会环境。

（4）生活的充实与深化：爱情为生活带来丰富的情感体验和深刻的生命体验。与伴侣共同经历生活的起伏，个体能够更深刻地感受到生活的美好与挑战，从而使生活更加充实、更有意义。

（三）爱情的本质

爱情，作为人类独特的情感体验，融合了自然属性与社会属性，即性爱与情爱的结合。性爱是人类生理上的需求，为爱情提供了基础；情爱则是人类精神上的需求，将爱情提升至更高的境界。爱情是一种复杂的社会情感，涵盖了性、情感、心理和道德等多个方面，是人类特有的一种精神生活形态。爱情要求男女双方在性、情感、心理和道德等方面达到共鸣与和谐，共同承担社会责任与义务，相互给予与奉献。

1.爱情的二元性

爱情，作为一种深邃且多维的人类情感体验，自古以来便呈现出其独特的二元性特征。观察不同历史时期，我们可以发现爱情二元性的体现，即自然属性与社会属性的和谐统一，以及性爱与情爱的有机融合。在古代，爱情主要被看作一种生理需求，侧重于性别间的吸引力和生育功能。然而，随着社会的发展，爱情的社会属性日渐受到关注，情感上的依赖和精神上的契合逐渐成为爱情不可或缺的组成部分。这一转变，从生理需求到精神追求的升华，不仅丰富了爱情的内涵，也展示了爱情二元性的演变轨迹。

2.爱情的本质属性

爱情的本质属性可以从以下五个方面进行阐述，借助文学家的名言，我们可以更深入地理解爱情的内涵：

（1）爱情的生理属性。

爱情的生理属性体现在性别之间的自然吸引和生理需求上。这种吸引基于人类的生物学本能，涵盖了异性间的兴趣、亲密关系的建立，以及繁衍后代的愿望。张爱玲曾深刻地描述过爱情的影响："因为爱过，所以慈悲；因为懂得，所以宽容。"她的话揭示了爱情的生理属性如何在人们体验过生理吸引和需求后，激发对他人的同情与宽容。

（2）爱情的心理属性。

爱情的心理属性涉及情感和心理层面的需求，其中包括对伴侣的情感依恋、心理上的支持和安全感。正如冰心所言："成功的花，人们只惊羡她现时的明艳！然而当初她的芽儿，浸透了奋斗的泪泉，洒遍了牺牲的血雨。"这句话生动地描绘了爱情的心理属性，强调了在爱情中经历心理上的挑战和成长的重要性，只有如此，我们才能收获真正的成功和幸福。

（3）爱情的社会属性。

爱情的社会属性体现在其与社会关系和文化背景的紧密联系。爱情不仅是个体之间的情感互动，还深受社会价值观、道德规范以及文化传统的塑造。鲁迅曾言："爱情是伟大的，它使得人们能够忍受生活中的一切。"这一论述突显了爱情在社会层面的重要作用：在爱情中，人们能获得社会的支持和认同，这无疑增强了他们对生活中种种挑战的应对能力。

（4）爱情的精神属性。

爱情的精神属性主要强调在爱情关系中精神层面的意义。这不仅包括对伴侣的深入理解、精神上的默契，还包括共同的价值观和信仰。徐志摩曾说："我将于茫茫人海中寻找我唯一的灵魂伴侣；得之，我幸；失之，我命。"这句话深刻体现了爱情的精神属性，即在爱情中追求灵魂的契合和精神境界的提升，从而获得真正的幸福和满足。

（5）爱情的道德属性。

爱情的道德属性涉及在爱情关系中双方所承担的道德责任和义务。这不仅体现在对伴侣的忠诚、诚实与尊重上，还表现在相互间的关爱与奉献上。杨绛先生曾言："原是今生今世已惘然，山河岁月空惆怅，而我，终将是要等着你的。"这句话深刻体现了爱情中的道德责任，强调了在爱情的旅途中对彼此承诺和责任的坚守，是构建美好且恒久关系的重要基石。

总结而言，爱情这一情感现象的本质属性涉及生理、心理、社会、精神和道德等多个层面。这些属性相互交织，共同塑造了爱情丰富的内涵，使其不仅成为人类情感生活中最深刻的一种体验，同时也展现了其复杂的特质。

（四）爱情的成分

美国心理学家罗伯特·斯腾伯格提出的爱情三角理论（图6-2），主张爱情由三个基本成分构成：激情、亲密和承诺。爱情，作为人类情感世界中最微妙、最复杂的部分，可以从化学和心理学的角度进行理解。它类似化学中的复合物质，由多种情感元素融合而成，其复杂性不亚于一种复杂的盐类化合物。我们将从爱情迈向婚姻的漫长转化过程中，探讨和分析这一化合物中所蕴含的多元成分。

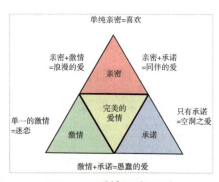

图6-2 爱情三角理论

（1）亲密是指人与人之间在情感、思想、身体或精神上的紧密联系和接近。在人际关系中，亲密通常涉及深层次的分享、信任、理解和接受。亲密关系的特点包括：

①情感联结：双方在情感上彼此依赖，能够感受到对方的关爱与支持。

②信任感：在亲密关系中，人们倾向于建立起深厚的信任，乐于分享个人的观点、情感和经历。

③理解与支持：亲密的伙伴会努力理解对方的内心世界，并提供情感上的支撑和鼓励。

④共同分享：处于亲密关系中的个体愿意在生活各方面进行共享，包括时间、空间、经历和情感。

⑤身体与情感的亲密：亲密关系可能涉及身体接触，如拥抱、亲吻和性关系，以及情感上的深入交流。

（2）激情是指那种强烈的、通常是积极的情感体验，它伴随着对某人或某事深深的兴趣、热爱或渴望。在人际关系中，激情主要表现在以下几个方面：

①强烈的情感体验：激情包含了狂喜、兴奋以及强烈的快乐感等情感反应。

②浪漫的吸引：在浪漫关系中，激情体现为对伴侣的强烈吸引和深切渴望。

③性欲的驱动：激情也可以涉及性欲，即对性亲密的强烈渴望和兴奋感。

④强烈的动机：激情能够激发个体追求他们所热爱的人或事物的强大动力。

⑤灵感和创造力：激情有时也与灵感和创造力相关联，它能够激发个体的想象力和创新精神。

（3）承诺在人际关系中体现为一种长期且坚定的意愿，表明个体致力于维持与发展与他人之间的关系的决心。承诺通常涵盖以下几个核心要素：

①长期视角：承诺的个体对关系的未来持有积极看法，并愿意投入必要的时间与精力，确保关系的持续性与成长。

②忠诚专一：承诺的个体展现出对伴侣的忠实与专一，避免任何可能对现有关系造成损害的行为。

③共同目标：承诺的伴侣会协商并设定生活目标，之后携手努力实现这些目标。

④面对挑战：在关系遭遇挑战与难题时，承诺的个体能够积极寻求解决方案，而不是选择逃避或放弃。

⑤牺牲与妥协：承诺有时意味着个体需要在特定情况下做出牺牲或妥协，以维护关系的整体利益。

随着人们相互了解的加深和相处模式的变化，爱情三角形中的三个成分也会相应地发生变化。这种变化不仅体现在爱情三角形的形状上，还体现在其大小上。三角形的面积象征着爱情的质量，根据斯滕伯格的理论，三角形面积的增大意味着爱情更加丰富。

二、培育爱的能力

罗伯特·斯托克在《情感的力量》中强调，爱情是一种技巧，也是一种修行。为了拥抱美好的爱情，为了让它更加持久，为了让爱情之树常青，我们必须掌握爱情的技巧，不断提升自己的情感智慧。

　　李明出生在偏远山区一个经济困难的农村家庭。他的父母尽管收入微薄，但一直鼓励李明勤奋学习，希望他有一天能凭借自己的努力改变命运。李明不负期望，从小到高中，学业成绩始终优秀。高考后，他考虑到家庭的经济条件，选择了学费相对较低的这所大学继续深造。

　　大学一年级时，李明在一次校园活动中遇到了女同学小芳，两人很快建立了恋爱关系。然而，经过一段时间的相处后，小芳的行为变得越来越可疑。她经常晚归，消费模式也变得异常，且频繁接到神秘电话。一次，李明跟踪小芳，发现她上了一辆豪华轿车。当他试图制止小芳时，被车上的男子殴打，混乱中不幸被刺伤，经过五个月的住院治疗，他错过了期末考试，不得不休学一年，而小芳从此也在他的生活中消失。

　　这一打击让李明心灰意冷，他开始沉溺于网络，用游戏和虚拟世界的交流来逃避现实。他利用自己流利的谈吐和外语能力，赢得他人的信任，然后以约会为名，并伺机抢劫，最终走上了犯罪的道路。

　　这个案例提醒我们，生活中难免会遇到各种困难和挑战，但我们不能因此放弃自己。面对问题，我们应该勇敢地寻求帮助，保持自己善良和正义的本性。同时，我们也应该提高警惕，防止自己受到伤害。

讨论分享：

　　1.李明的故事给你带来了哪些启示？

　　2.当一份"爱"到来时，我们该如何迎接？

（一）爱自己的能力

　　爱自己是心理健康和情感福祉的核心。这不仅仅是一种自我关怀的方式，更是通往内心平衡和幸福的必经之路。当我们能够真诚地爱自己，我们才能在生活的各个方面建立起自尊和自信。

　　首先，爱自己也意味着接纳自我。这包括接纳自己的优点和不完美之处，认识到每个人都有其独特之处，且值得被爱和尊重。接纳自己的外貌、性格、过去与现在，以及自己的情感和需求，是我们爱自己的基础。

　　其次，爱自己也体现在照顾身体上。保持健康的饮食习惯、适量的运动、充足的睡眠和休息，都是对身体的基本呵护。只有将身体视为圣殿，我们才能感受到生活的活力和动力。

再次，爱自己也涉及情感的照顾。这意味着识别和表达情感，不压抑或忽视自己的感受。学会倾听内心的声音，理解自己的需求，并给予情感上的支持和安慰。当我们能够真诚地面对和接纳自己的情感，我们才能在情感关系中展现真实的自我。

最后，爱自己也包括保持独立和自主。这意味着不依赖他人来定义自己的价值或满足需求。学会独立思考和行动，为自己的生活承担责任。只有独立面对生活挑战，我们才能真正实现自我价值。

（二）迎接爱的能力

中职生作为青年群体的一部分，面临着人际交往和情感发展的任务。对于我们来说，迎接爱的能力既是挑战也是成长的机会。首先，需要具备良好的自我认知和自尊心。应该清楚地了解自己的特点、优势和不足，并对自己的价值和能力有正确的认识。只有自信和自尊的人才能更好地接受和回应他人的爱。其次，需要学会有效地表达自己的情感和需求。应该勇于表达自己的感受，同时也要学会倾听和理解他人的需求。通过良好的沟通，可以建立起真诚和亲密的人际关系。再次，需要培养解决冲突的能力。在任何关系中，冲突都是不可避免的。应该学会以积极和建设性的方式解决冲突，寻找共同点，并通过对话和妥协来解决分歧。

总之，迎接爱的能力需要具备自我认知、情感表达、解决冲突和积极态度等方面的素质。通过不断地学习和实践，我们可以更好地与他人建立亲密关系，丰富自己的人生经验。

（三）拒绝爱的能力

拒绝爱并不是一种错，而是一种保护自己的方式。每个人都有权利选择自己想要的情感关系，也有权利拒绝那些对自己有害的行为。拒绝爱的能力包括两个方面：一是敢于理智地拒绝不希望得到的爱；二是要掌握恰当的拒绝方式。拒绝爱的措施通常涉及一系列的行为和沟通策略，要以坦诚和直接的方式表达自己的感受和决定。而在拒绝爱的过程中，也要保持坚定和一致的态度，要尊重对方的感受和尊严，用"我"的语言表达自己的感受，而不是指责或攻击对方。明确地设定个人界限，告诉对方哪些行为是可以接受的，哪些是不可以的。不要发送可能被误解的信号，如频繁的社交媒体互动、深夜聊天等。保持行为的一致性，以避免产生误解。

（四）发展爱的能力

美国心理学家罗伯特·斯滕伯格[①]曾指出："爱的力量源自人类非浪漫的爱情素养。一个人的非浪漫的爱情范围越广泛，其浪漫爱情也越显得高贵。"培养爱的能力，并不局限于对某个特定异性的情感，它也可以是一种更广泛的爱。我们的家人、同伴、朋友、国家乃至全人类，都值得我们去深情地关爱。发展爱的能力，本质上是要培养出无私的品格和奉献精神，同时也要提高解决矛盾的技巧，以便在恋爱和家庭生活中有效地处理和解决纠纷。

（五）提高恋爱挫折承受能力

正处于青春期的我们，心理发展尚未成熟，可能对恋爱中的复杂情感和挫折缺乏足够的认识和处理能力。其实，中职时期的恋爱受多种因素的制约，也会存在诸多的不稳定因素，因而在追求爱情的过程中遇到各种波折是在所难免的。比如单相思、爱情错觉、失恋等恋爱心理挫折对每个深陷其中的人的心理承受能力就是一种考验。如果承受能力较强，就能较好地应对挫折，否则就有可能造成不良后果。

三、树立成熟的爱情观

（一）敢爱敢不恨

心理学家基于恋爱中人们对爱情的追求，将爱情划分为健康与不健康两类。健康爱情的特征包括保持适度情感、不对伴侣施加压力、不对爱情持有占有欲、充分尊重对方；在给予爱情的同时获得喜悦，将对方的幸福视为自己的满足；健康爱情是两个独立个性的和谐结合。相反，不健康爱情的特征如下：过度美化对方，理想化对方人格；过于沉迷，不断要求对方表达爱意，这种爱情常常带有病态的夸张；缺少关怀与爱心，仅表现出强烈的占有欲；过分注重外表。

在追求爱情的过程中，我们可能会看到这样的情况：有些人始终将自己置于心爱的人的阴影中，深藏爱意，默默承受单相思的痛苦，而对方却一无所知。事实上，当双方条件相当时，勇敢地表达自己的情感是一种勇气的体现。然而，如果明知道对方并不爱自己，仍然坚持投入所有热情与爱意，最终可能遭到拒绝，却仍然固执己见，这可能导致过度关注、幻想和错觉等心理问题。这些行为往往会给当事人带来极大的心理痛苦，

---

① 罗伯特·斯滕伯格（Robert Sternberg）是美国心理学家、认知心理学家，以及教育心理学家，他在智力理论、爱情心理学和教育领域做出了重要贡献。

严重时甚至可能发展成心理疾病。如果不能及时从这种挫折中解脱，可能会表现出焦虑、冷漠，甚至走向自杀、报复或抑郁的极端。

爱情固然珍贵，但它终究不是生活的全部。生活中还有许多其他重要的方面，比如对理想和学业的追求。一次爱情的失落，并不代表人生的失败或幸福的终结。毕竟，未来还有无限的可能，还有更多的感情生活和其他追求等待我们去探索。"我曾爱过你，满腔热血，一心一意，后来，热情耗尽，我终于决定将你好好地还回人海里。"学习用理智来驾驭感情，通过增强理智感，分析原因，总结经验教训，寻找解决问题的方法和途径，感谢对方给予自己这段感情的成长，因为对失恋的应对方式反映了一个人的心理成熟水平和恋爱观。

（二）正确处理性爱与情爱的关系

郑晓江教授在《生命教育演讲录》一书中，运用了生命哲学知识对"性爱"与"情爱"做了深入剖析：性爱是指人们在生理层面上的性需求和欲望，它是人类繁衍后代的基本方式。而情爱则是指人们在心理和精神层面上对亲密关系的追求和渴望，它包括了对亲人、朋友和伴侣的情感依恋和关爱。郑晓江教授认为，性爱与情爱是人的生命中不可或缺的两个方面，它们共同构成了人类丰富多彩的情感世界。性爱使人们能够体验到生理上的愉悦和满足，而情爱则使人们能够建立起深厚的人际关系和精神寄托。在生命教育中，性爱与情爱的教育是重要的一环。通过正确的性教育与情感教育，可以帮助中职生建立起健康的性观念和情感态度，培养他们对自己和他人的尊重和关爱。同时，性爱与情爱的教育也有助于预防性病、艾滋病等性传播疾病的发生，保护青少年的身心健康。

（三）正确处理真爱与婚姻的关系

真爱与婚姻是紧密相连的概念。在我国的传统文化中，真爱是以相互尊重、理解和支持为基础的，而婚姻则是真爱的升华，代表两个人愿意共同走过一生的承诺。每个人都渴望获得真爱，因为它的存在，我们的生活才充满了温暖和温情。然而，我们正处于青春期，生理和心理发展尚未完全成熟，世界观和知识基础仍在形成中，同时缺乏足够的社会经验和经济独立。虽然我们可能对爱情充满渴望，但未必能深刻理解爱情的真谛。因此，在这个阶段进行真爱与婚姻的理性教育具有深远的现实意义。

心理成熟是维持真爱与婚姻的关键。心理的不成熟可能导致对恋爱和婚姻的看法不稳定，以及对恋爱时机的误判。这种心态可能将爱情简化、偏颇化、理想化，甚至浪漫化，从而引发一系列令人忧虑的问题。因此，心理成熟是真爱与婚姻相伴的必要条件。

为了处理好真爱与婚姻的关系，我们应该尊重爱情，平等地承担义务，遵守恋爱道德，对自己、对方、家庭和社会负责。将真爱、婚姻、责任和义务紧密相连，真正实现让真爱与婚姻同行。

【聚焦归纳框】

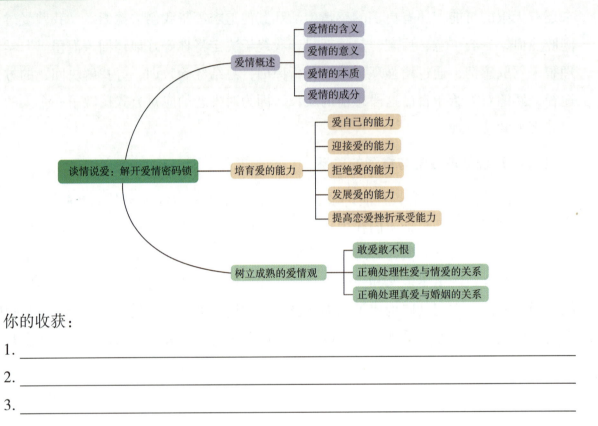

你的收获：

1. _____

2. _____

3. _____

【成长训练营】

爱人如养花

请赏读郝广才先生的绘本《好好照顾我的花》。你如何理解他笔下关于"爱与成长"的故事？如何在爱中互相尊重，照顾好彼此心中的花？

逆风飞翔：提升逆境复原力

专题七

> 逆境是事业之路上的不速之客，对于一个有思想的人来说，没有一个地方是荒凉偏僻的。在任何逆境中，它都能充实自己。——丁玲[①]

【专题导航栏】

在人生的旅途中，我们会遇到平坦的大道和坎坷的小径，会感受到成功的快乐和失败的苦涩。几乎没有人能够逃脱一生中遇到挑战和逆境的命运。面对这些挑战，当我们感到迷茫和无助时，可以从孟子的智慧中获得启示："故天将降大任于是人也，必先苦其心志，劳其筋骨，饿其体肤，空乏其身，行拂乱其所为，所以动心忍性，曾益其所不能。"本专题旨在帮助我们了解挫折，认识到挫折是个人成长不可或缺的一部分，学会在挫折中寻找价值，激发挫折中的恢复力，掌握面对挫折的生存智慧，并不断提升生命韧性。

【活动体验营】

特殊的书法家

不用双手的情况下，用最短的时间，在白纸上写出自己的名字。

讨论分享：

与小组成员讨论活动中的感悟。

【生命智慧窗】

一、认识挫折

南宋词人辛弃疾曾写道："叹人生，不如意事，十常八九。"这句话表达了人生中不如意的事情常常占据大多数，挫折普遍存在于人生的各个阶段。

---

① 丁玲（1904年10月12日—1986年3月4日），女，原名蒋祎文，字冰之，又名蒋炜、蒋玮、丁冰之，笔名彬芷、从喧等，湖南省临澧县人。曾就读于上海大学中国文学系，中共党员，著名作家、社会活动家。

（一）挫折的含义

广义上，挫折指的是个体在追求目标的过程中遇到的障碍或干扰，这些障碍可能来自外部环境，也可能是个体内部的限制。在这种情况下，挫折不仅仅是单一的事件，而且是一个连续的过程，它可能涉及多个层面的冲突和阻碍，如心理层面的挫败感、情感层面的失落感、行为层面的失败等。

狭义上，挫折特指那种导致个体目标无法实现、需要不能满足的特定情境或事件。在这个意义上，挫折通常被视为一种负面的、消极的情绪体验，如焦虑、失望、愤怒或沮丧等。这些情绪体验通常与个体对特定结果的期望和现实之间的差距有关。

挫折包含三个核心要素：挫折情境、挫折认知和挫折反应。挫折情境是指那些对人的活动动机和目的造成内外障碍或干扰的具体客观环境，它可以分为自然环境和社会环境等。挫折认知是指个体对挫折情境的知觉、认识、评价以及情绪和行为反应，它属于人认知的主观范畴。挫折反应是指个体在陷入挫折状态后，基于自身认知而启动的一系列心理、生理和行为上的反应。在这三个要素中，挫折认知是最为关键的，因为挫折情境和挫折反应之间的联系需要通过挫折认知来确定。

（二）影响挫折反应的因素

挫折是人的一种自我的内心感受。不同的人对待挫折有不同的态度和反应。对有些人，它可能是走向成功的起点；但对另一些人，也许会成为意志沉沦的开端。影响挫折的反应和程度的因素归纳起来，如表 7-1 所示。

表 7-1　影响挫折的反应和程度的因素

生理因素	个体的身体健康状况是影响挫折承受力的重要因素。通常，身体健康的人相较于体弱多病的人更能承受挫折。生理因素如体能、疾病状况和生物节律等，都可能影响一个人面对挫折时的心理和生理反应
生活经历因素	随着生活阅历的增加，个体在挫折中成长，承受挫折的能力也会增强。丰富的生活经验会帮助个体更好地认识自我，调整目标，从而增强面对挫折时的适应能力
思想因素	具有崇高的生活目标和乐观向上的生活态度的人抗挫力强；相反，缺乏理想和信念，对人生持消极态度的人，往往经不起挫折的打击。具有科学的人生观，是承受挫折的核心。个体的人生观不符合社会的要求，也常常会成为挫折的来源

续表

心理因素	个体的心理状态和性格特征对挫折反应有显著影响。性格开朗、个性完善、意志坚强的人往往能更好地应对挫折
认知因素	自我认知水平也是一个重要因素，建立积极的自我认知有助于个体在面对挫折时能更加客观和理性地看待困境，并运用心理防御机制来化解挫折
自我期望因素	一个人的期望值越高，当实际有效行为达不到时，所感受到的挫折打击也就越大。一般来说，挫折情境出现后，挫折感的大小与自我期望值成正比，与实际有效行为成反比
心理防御能力因素	能及时运用心理防御机制并倾向于采取积极方式的人，具有更强的抗挫力。善于运用积极的心理防御机制，如仿同、补偿、升华、幽默的人，在挫折面前会减轻痛苦与不安，恢复情绪稳定，达到心理平衡
社会支持因素	个体所获得的社会支持越多，其应对挫折的能力越强。社会支持包括家庭、朋友、同事等的支持，以及教育、文化、经济等社会资源的支撑

（三）挫折的二重性

挫折的二重性是指挫折本身具有正面和负面两种效应。在人生道路上，挫折是一种普遍存在的现象，它既能给人带来痛苦和困扰，也能促使人的成长和进步。

1.挫折的负面效应

（1）心理压力：挫折会引发个体心理上的压力，导致心情沮丧、焦虑和失落。长期承受挫折会对心理健康产生不良影响，如引发抑郁、自卑和恐惧等心理问题。

（2）信心打击：挫折会严重削弱个体的自信心，使个人对自己的能力和潜力产生怀疑。缺乏信心将影响个人在事业、学习和生活中的表现，进而降低成就感。

（3）行为消极：挫折会导致个体产生消极行为，如放弃、逃避和自暴自弃。这些消极行为会使人错失成长和进步的机会，陷入失败的恶性循环。

（4）人际关系受损：挫折可能影响个体在处理人际关系时的能力，如导致猜疑、孤僻和易怒等。这会使个体在社交场合中被排斥，影响人际交往和沟通。

（5）身体健康影响：长期处于挫折状态可能对身体健康产生不利影响，如睡眠质量下降、免疫力降低和内分泌失调等。在极端情况下，挫折可能导致心血管疾病、高血压等疾病。

（6）阻碍成长：挫折可能导致个体在心理和行为上产生依赖，妨碍个人的成长和进步。过分关注挫折和失败会使人们忽视自身的优点和潜力，无法充分发挥自己的能力。

（7）影响价值观：挫折可能导致个体对生活和价值观产生消极看法，使人们失去追求美好未来的动力。长期处于挫折状态可能扭曲个体的价值观，甚至产生极端思想。

2. 挫折的积极影响

（1）提升心理韧性：挫折是锻炼心理韧性的重要途径，它使人变得更加坚强和有韧性。经历挫折的人往往能更有效地应对困难，展现出更强的心理承受力。

（2）推动成长与成熟：挫折是个人成长与成熟的助推器。面对挫折时，个体需要进行反思和总结，这有助于他们在未来的决策中更加成熟，更加妥善地解决问题。

（3）激发创新与创造力：挫折常常迫使人们寻找新的解决方案。这一过程可以激发个体的创新和创造力，帮助他们找到更有效地克服困难的方法。

（4）增强适应能力：挫折经历使个体更能适应变化的环境和挑战。通过挫折，人们学会适应不同的情况，提高自己的生活能力和竞争力。

（5）提高自信心：那些经历过挫折并成功克服的人，在未来的挑战中往往拥有更强的自信心。他们相信自己有能力应对困难，这种自信心的提升有助于他们在生活和工作中取得更好的成绩。

（6）培养同理心与包容心：挫折经历有助于人们理解和同情他人。经历过挫折的人更容易理解他人的痛苦和困难，从而培养出更多的同理心和包容心。

（7）深化价值观：挫折使人们重新审视自己的生活目标和价值观。经历挫折后，个体可能会更加珍惜生活中的美好事物，对生活和人生的理解更加深刻。

（8）提升社交能力：挫折经历使个体在处理人际关系时更加成熟和谨慎。他们学会在困难中寻求他人的帮助和支持，同时也学会如何给予他人帮助和支持，从而提升社交能力。

挫折的正面效应与负面效应之间的相互转化：挫折并非总是带来负面影响，它的正面与负面效应是动态的，并可根据个人应对方式而相互转化。积极应对挫折，可以将其转化为促进个人成长的动力；反之，若以消极态度应对，挫折可能引发更多的负面影响。因此，掌握正确处理挫折的方法，发挥其积极影响，对个人发展至关重要。

一只蝴蝶的茧壳突然裂开了一个小口。一个旁观者目睹了这一幕，他目不转睛地观察着蝴蝶。几个小时过去了，蝴蝶似乎毫无进展。看着它挣扎的样子，旁观者感到心疼，决定伸出援手。他小心翼翼地用剪刀剪开了茧壳，让蝴蝶轻易地解脱出来。然而，蝴蝶的身体却显得瘦弱，翅膀紧紧地贴着身体。旁观者满怀期待，等待着蝴蝶的翅膀能展开并伸展起来，以支撑它的身体，成为一只健康美丽的蝴蝶。但这一刻并未出现。事实上，这只蝴蝶在余下的生命中，只能悲惨地带着萎缩的身子和瘪塌的翅膀在地上爬行，它永远无法飞翔。这位好心的旁观者并不知道，蝴蝶挣扎出茧的过程是自然规律的安排，通过这一挤压过程，体液会被迫从身体流向翅膀，为蝴蝶的飞翔提供必要的液体储备和力量。

蝴蝶的故事揭示了挫折与成功之间的密切联系，它们犹如一枚硬币的两面。在人生的道路上，我们必须经历奋斗和挣扎，才能在生活的漩涡中不断超越自我。正是由于生命的挑战和障碍，我们才能变得更加坚强并展翅飞翔。因此，理解挫折的两面性对我们的成长至关重要。

二、挫折是人生的礼物

（一）挫折的意义

美国马萨诸塞大学阿默斯特分校进行了一项引人入胜的"南瓜实验"。实验人员用金属圈环绕一个南瓜，以测量南瓜生长过程中对圈环产生的压力。初始估计表明，南瓜最多可承受约454斤[①]的压力。实验开展的第一月，南瓜已经对金属圈产生了454斤的压力；到了第二个月，压力激增至1 361斤；而当压力达到1 814斤时，研究团队不得不对金属圈进行加固，防止南瓜将其撑破。最终，南瓜在承受了超过4 536斤的压力后，表皮才出现破裂。

当研究人员打开南瓜时，他们发现其内部已不再适合食用，因为南瓜的中间部分充满了坚韧的纤维组织；为了从土壤中吸收更多养分以突破限制其生长的金属圈的束缚，南瓜的根系向四面八方延伸，最终控制了整个花园的土壤和资源。

讨论分享：

深入探讨"南瓜实验"的故事，你有哪些感想和体会？

---

① 1斤 =500克。

　　该实验向我们展示了生物体应对逆境的惊人适应力，并揭示了这种适应力如何助力它们在未来的挑战中更好地存活与繁衍。这一实验也提供了一种视角，帮助我们理解人类在遭遇挫折时的心理和生理反应。

　　生活中，挫折常被视作一种"逆境"，它能够激发我们的潜能，推动我们发展出新的应对策略和技能。这正如南瓜在无光条件下形成了更顽强的生理机制，人在面对挫折时也可能培育出更强大的心理韧性、解决问题的能力以及创新思维。

　　因此，挫折的意义不只是作为一种挑战，它更是一种推动个人成长与发展的重要机遇。如果我们能以正确的态度面对和处理挫折，我们就能如同南瓜一样，从逆境中汲取教训、成长，最终塑造出更强大、更有韧性的自我。

（二）挫折的转机

　　老子在《道德经》的五十八章，深刻地阐述了福祸相依的辩证法则："祸兮福所倚，福兮祸所伏。"这一论述不仅揭示了福祸之间的动态转化，而且映射出一种超然物外的生活智慧。心理素质强大的人，能够在祸福交替的环境中保持内心的平和。面对挫折，他们能洞察其中潜在的机遇；身处顺境，他们则能预见潜在的风险。这种人生态度要求我们在面对生活的顺境和逆境时，都能保持一颗平常心，不为喜悦所迷失，也不为悲伤所沉沦。

　　2022 年 3 月 9 日，在北京冬奥会越野滑雪比赛中，中国代表团半小时内连得两金。一枚为杨洪琼所得，另一枚被郑鹏拿下，这是两人在本届冬奥会上各自收获的第二枚金牌，郑鹏也因此成了中国冬奥代表团历史上第一位"双金王"。18 岁时，郑鹏在某汽修厂做学徒，一次工作中的意外让他落下双腿残疾，不愿就此消磨人生的郑鹏在 20 岁时下定决心要成为专业运动员，报考了残疾人体校并开始接触滑雪运动。

　　2018 年，在平昌冬奥会上，郑鹏第一次参赛，获得了冬奥会越野滑雪男子坐姿 15 公里比赛第四名。为了站上领奖台，此后的四年，郑鹏每天坚持训练 5 ~ 6 个小时，克服一个个技术难点，最终大放异彩，包揽两金。

　　罗兰曾言："把你的苦难当作难得的经验，忍耐一时之痛去体会它，你将因为这些苦痛而比别人更了解人生。"的确，每一次的挑战和困难都是难得的人生财富，它们使我们变得更加坚韧不拔。

三、应对挫折的智慧

法国大作家巴尔扎克曾言："苦难对于天才是一块垫脚石，对于能干的人是一笔财富，而对于弱者则是一个万丈深渊。""顺境显示高尚或邪恶，逆境显示坚韧或怯懦。"历史与现实中无数事例表明，伟大的灵魂无法在平庸中孕育，只有历经磨砺与苦难，愿景才会被激发，视野才会被拓展，最终引领人们走向成功之路。

尽管我们都不渴望遭遇挫折，但当它不期而至时，我们应选择勇敢地面对，而非自暴自弃。勇敢地迎接挑战，战胜挫折，是我们成长道路上不可或缺的一环。挫折并非终点，而是一个让我们暂时休息的站点，它赋予我们教训、磨砺，并为我们提供了更强大的动力。

面对挫折，我们要勇于迎难而上，从失败中吸取教训，积累经验，不断提升自我。我们要坚信，只要我们勇敢地面对挫折，坚守信念，并付出努力，就一定能够克服困难，迈向成功。

挫折是人生的试金石，它使我们更深刻地认识自己，发现自身的不足和需要改进之处。唯有在挫折的熔炉中不断磨砺，我们方能锻造出坚强的意志和成熟的性格。选择自暴自弃的人，只会让自己陷入更深的困境，丧失面对生活的勇气和信心。

因此，当挫折来临，让我们勇敢地迎接它，不畏艰难，不惧困苦。让我们把挫折视为成长的催化剂，用智慧和毅力去战胜它，书写属于自己的精彩人生篇章。

四、唤醒挫折里的复原力

2008年5月12日下午2点28分，北川中学高三学生代国宏和同学们被突如其来的大地震埋进了废墟。40多个小时后，代国宏被营救，但他却永远失去了双腿。从小就喜欢体育的代国宏参加了省残联的运动员选拔，成为一名游泳运动员。没有了下肢，重心不稳的他在初期的训练中浮不起来，每次都是教练把他从池底抱上来。好强的代国宏没有认输，每天都花五六个小时泡在泳池里训练，先从上肢力量练起，一次次地划水，一次次地试验，坚持与刻苦让他从泳池里脱颖而出。在2010年举办的全国残疾人游泳锦标赛上，代国宏一举夺得了百米蛙泳冠军和百米仰泳季军。代国宏在日记中写道："地震让我失去了双腿，但灾难的磨砺又让我长出了一对坚强的翅膀。"

无腿蛙王代国宏的故事深刻地启示我们：挫折与磨难并非人生的绊脚石，反而能够成为促进个人成长和提升综合能力的催化剂。研究表明，那些经历困难并能够成功克服的人，往往具备一些关键的成功特质。这些特质包括快速地恢复精力、持续进步和成长的能力，卓越的表现以及维持这种表现的能力，乐观的生活态度，面对风险时的勇敢决策，充满活力与坚韧的个性，敏捷的思维和解决问题的能力，创新寻找解决方案的方法。

那么，我们应该如何提高在挫折面前的复原力呢？我们将从以下几个方面进行阐述。

（一）心理状态

面对挫折，我们应冷静思考，借鉴经验，适时调整，灵活坚持。

（1）冷静思考。遭受挫折时，首先需要保持冷静，分析挫折的原因。回顾自己的行为和决策，探寻问题的根源，以便对症下药，寻找解决问题的方法。通过深思熟虑，我们可以更加客观地认识自我和环境，为后续行动做好准备。

（2）借鉴经验。与他人相比，可以帮助我们更好地认识自己。这种比较不仅仅是与他人的成就相比较，更重要的是学习他人面对困难时的态度和方法。通过观察和借鉴他人的经验，我们可以激发自己的潜能，找到克服挫折的新途径。

（3）适时调整。有时候，暂时放下挫折，给自己一些时间和空间去调整心态是十分必要的。这意味着从当前问题中抽身，去做一些其他事情，转移注意力。等心态平和后再回来面对问题，可能会有新的视角和解决方案。

（4）灵活坚持。在面对挫折时，我们需要保持一定的灵活性。在坚持目标的同时，对于实现目标的方式和方法可以适当调整。有时候，退一步海阔天空，通过调整策略和方法，可能会更加有效地达成目标。

（二）方式方法

情绪调节是个人心理健康的重要组成部分。个人应对不良情绪时，主要依靠自我疏导。疏导不良情绪的方法多种多样，下面列举几种常见的自我疏导策略。

1. 哭泣

在情绪低落时，哭泣成为一种自然的心理防御机制。哭泣不仅有助于表达和释放悲伤、痛苦等负面情绪，而且根据美国生化学家弗雷博士的研究表明，哭泣能促使身体排出一系列在紧张、悲哀情境下产生的有害化学物质，从而有助于减轻心理压力和痛苦。然而，哭泣应适时适度，过度哭泣不利于身心健康。

2. 怒吼

怒吼可以作为一种宣泄愤怒、压抑等情绪的方式。找一个合适的地方，让自己尽情地吼叫，把内心的不满和愤怒发泄出来。然而，怒吼之后应适时调整自己的情绪，避免陷入恶性循环。在感到内心压抑、不平之时，站在旷野中向着大自然发出内心的呼喊，有助于缓解心理压力。怒吼宣泄虽猛烈，但应保持理智，避免伤害他人或自己。

3. 倾诉

面对挫折和失败，向知己朋友倾诉是一种很好的心理平衡方法。找一个信任的朋友或家人，向他们倾诉自己的烦恼和困扰。通过倾诉，可以把内心的不良情绪说出来，得到他人的理解和关心，减轻心理压力。美国官方研究成果表明，拥有朋友圈子的人能长寿 20 年。朋友的重要性可见一斑。向朋友倾诉，听听他们的见解，可以加深自我认识、完善个性，增强自我价值感和力量感，降低挫折感，缓解内心的冲突和苦闷。因此，遇到挫折和失败时，不应孤独地沉浸在烦恼和忧愁之中，而要勇于求助。总有人愿意帮助你，只要有人愿意倾听你的声音，就会对你有所帮助。

4. 咨询

在充满压力和竞争的社会生活中，"苦恼人"越来越多。如果自身心理素质不好、心理社会支持系统不够，就有可能产生不同程度的心理障碍。可以说，任何人都无法完全避免剧烈的心理震荡。如果不良情绪影响到了日常生活，可以寻求专业心理咨询师的帮助。心理咨询师会根据你的情况，提供专业的心理疏导和建议，帮助你走出困境。

5. 娱乐

参加一些自己喜欢的娱乐活动，如看电影、听音乐、玩游戏等，可以转移注意力，减轻不良情绪的影响。舞蹈、唱歌等娱乐活动能激发起人们深刻的审美意识和丰富的情感体验，对强化身心健康大有益处。选择适合自身的娱乐方式，可有效疏导挫折带来的不良情绪。

6. 郊游

郊游可以让人亲近自然，感受大自然的美好，有助于放松心情，减轻压力。与朋友或家人一起郊游，还可以增进彼此的感情。在那里，寻觅一处净土，独处一块绿地，尽情地呼吸新鲜空气，能够享受欣赏自然美的无限情趣。郊游，是一种积极的身心调整。受到大自然潜移默化的熏陶，自然而然也就能够放松，活得更加潇洒。

7. 读书

读书可以帮助人们开阔眼界，丰富内心世界，提高心理素质。读一些正能量的书籍，可以让人更加积极向上。当你遇到困难和挫折时，不妨读读历史、传记、游记、诗歌等各类书籍。在书籍的世界遨游时，你会渐渐把一切忧愁悲伤抛到九霄云外。赫尔岑指出："书籍是最有耐心、最能忍耐和最令人愉快的伙伴。在任何艰难困苦的时刻，它都不会抛弃你。"

8. 静思

静思是一种很好的自我反省和情绪调节方法。找一个安静的地方，让自己静下心来，思考生活中的问题，寻找解决的办法。以静思的方式疏泄心头的怒气、排解沉重的压抑，当情绪不佳时，或者冷静地反省自查，或者安静地回忆往事，或者沉静地闭目冥想，或者平静地散步沉思。冷静地反省自查，可以避免一时气盛、盲目冲动。凡事都要设身处地考虑一番，要是自己处于别人的处境会怎么对待，这样就会多一份理解，少一点遗憾，心头的怒气自然也就容易平息。在辩证地思考中看待问题，能够在一定程度上抵消挫败感。

总结而言，我们探讨了多种应对挫折的策略与方法。然而，关键在于找到最适合自己的应对方式。面对挫折，我们应该努力发掘自身的潜能，培养面对挑战的勇气和坚定的意志；同时，学会与他人建立联系，寻求他们的支持和鼓励。在逆境中，我们不应放弃，而要唤醒内心的复原力，以增强生命的韧性。

【聚焦归纳框】

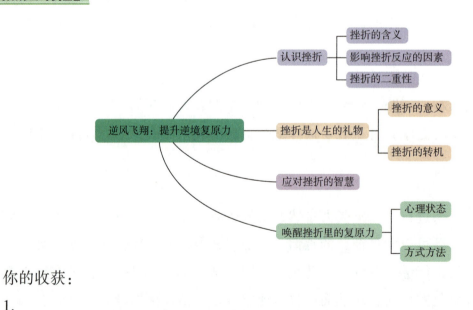

你的收获：

1. ＿＿＿＿＿＿＿＿＿＿＿＿＿＿＿＿＿＿＿＿＿＿＿＿＿＿＿＿＿＿＿＿＿

2. ＿＿＿＿＿＿＿＿＿＿＿＿＿＿＿＿＿＿＿＿＿＿＿＿＿＿＿＿＿＿＿＿＿

3. ＿＿＿＿＿＿＿＿＿＿＿＿＿＿＿＿＿＿＿＿＿＿＿＿＿＿＿＿＿＿＿＿＿

【成长训练营】

王坤是一名学习成绩优秀的学生，他在班级里表现优异，是老师和同学们眼中的佼佼者。然而，在一次数学竞赛中，王坤意外地失利了，没有获得预期的名次。他感到非常沮丧和失望，觉得自己对不起老师和家长的期望。

王坤心情沉重地回到学校，他的同学们很快就注意到了他的不对劲。张红是王坤的同桌，她关心地询问他发生了什么事情。王坤有些犹豫，但还是决定向张红倾诉自己的困扰并且寻求帮助。王坤告诉张红他在数学竞赛中的失利，以及他对此感到的失望和挫败。

如果你是张红，面对王坤的求助，你打算怎么劝慰呢？

_____

_____

_____

_____

专题八 安全教育：系好生命安全带

一个民族在灾难中失去的，总会由进步来补偿。——温家宝

【专题导航栏】

生命安全教育是培养学生基本生存能力的关键环节。本专题旨在培养我们的生命安全意识，帮助我们掌握防灾减灾、避险逃生、自救互救和预防暴力伤害的相关知识和技能，提高应对灾害和突发事件的能力和水平。在突发事件和各种灾害面前，我们要保持清醒的头脑，及时采取正确的措施；减少意外伤害的发生，保护自己和他人的生命安全。

【活动体验营】

地震来了

首先，观看地球及地震带分布的视频。然后，进入地震模拟小屋，切换不同的地震烈度，身临其境地感受地震发生时房屋摇晃、物品坠落、身体难以保持平衡、眩晕感等。最后，通过虚拟仿真实验深入体验地震逃生，增强防震减灾意识。

讨论分享：

1. 你从地震体验中感受到了什么？

2. 你是如何看待生命安全问题的？

【生命智慧窗】

2021年11月，教育部印发《生命安全与健康教育进中小学课程教材指南》的通知，明确要求"生命安全与健康教育"进入中小学的课程和教材，标志着生命教育正式以"生命安全与健康教育"的名义全面进入学校教育全学科落实的新阶段。由此可见，保障生命安全，关乎人类生存与发展，无疑是当代最有价值的知识体系之一，因为在人类社会的发展进程中，生命是人类创造价值的前提。因此安全教育也显得尤为重要。

一、生命教育与安全教育

提及生命安全教育，首先要理解安全教育与生命教育的含义，并从两者的相互关系入手，分析生命安全教育的重要基础性作用。

（一）安全教育

《现代汉语词典》对安全的解释是：没有危险；不受威胁；不出事故。安全是人类有序存在和发展的前提条件，安全问题关乎人类社会的生存与延续。美国心理学家马斯洛在其著名的需要层次理论中，将安全需要放置于第二位，足见保全生命安全的重要性。

（二）生命教育

生命教育，为了生命的教育。关于生命教育的意涵，许多专家学者给出了不同的界定。在"生命教育：探寻生命的本源"专题中，曾进行过详细阐述。

生命教育的实践主要围绕两个核心概念展开。首先，它包括生命意识和生存技能的教育，即生存教育。这一概念的重点在于确保个体能够维持自身的生存，并保护生命形态得以持续。其次，生命教育还涉及生命价值的传授，这帮助个体理解自身生命的意义，以及他们与自身、他人和社会之间的相互关系。此外，它还探讨了如何维持这些关系，以及如何使个体的生命具有价值和意义。

（三）生命安全教育

1.生命安全教育的定义

从词汇的字面含义上去解释，生命安全教育就是"生命教育"和"安全教育"两种教育相结合，形成既有生命价值的取向，又有生命保护实践的教育活动。

（1）生命安全教育是一种在生命教育理念下的保护技能教育。

曹湘认为生命安全教育是让学生在理论和实践中提高生命保护的知识和技能，掌握心理调适方法，增强避险自救、互助技能和珍惜爱护生命的能力教育。[1]李青、季建成等认为安全教育是指遭遇突发性事件和灾难性事故的应急能力、避免生命财产受到侵害的安全防范能力、遇到人身伤害的自我保护防卫能力，以及法制观念、健康心理状态和抵御违法犯罪能力的教育。[2]

（2）生命安全教育是一种身心灵和谐发展的全人教育。

鲁国斌、蔡春苗认为生命安全教育是一项培养学生珍惜生命意识、提升生命质量的

---

[1]　曹湘.生命安全教育初探［J］.体育世界（学术版），2011（1）：14-15.
[2]　李青，季建成，邬燕红.生命安全教育理念指导下的公共体育课教学改革与实践［J］.浙江体育科学，2011（5）：

"化育人"教育活动。[①]吉林省长春市制订的《生命与安全课程指导纲要》将生命安全教育确定为让学生理解生命意义、热爱生命情感，实现学生安全、健康、快乐生活的一种学校综合教育；上海市出台的《中小学生命教育指导纲要》将生命安全教育的概念归纳为：帮助学生珍爱生命、提高生命质量和实现人生价值的一种教育活动。

2．生命安全教育的核心理念

生命安全教育，是人全面发展的教育；是学校培养正确的科学和文明、道德与生命价值观念的教育；是培养安全健康的生存能力，以求得更高发展、体现社会与人生价值的全人教育；主张立德树人理念下人文生命和自然生命的教育统合与协调发展，倡导以生命教育为核心的健康呵护、以安全教育为主线的生命关怀；强调在实施青少年学生自然生命安全保障的前提下，追求其人文生命健康发展的更高品质。

3．中职生开展生命安全教育的现实意义

（1）提升职业技能和安全素养。中职教育注重实践技能的培养，生命安全教育能够帮助学生在掌握专业技能的同时，了解和掌握相关的安全知识，提高安全操作能力，减少职业活动中可能遇到的安全风险，为他们未来顺利进入职场打下坚实的基础。

（2）增强法律意识和规则意识。生命安全教育不仅包括专业技能的安全操作，还包括法律法规、职业道德等方面的教育。通过生命安全教育，学生能够增强法律意识和规则意识，了解和遵守相关的法律法规，养成良好的职业道德，从而为职业生涯保驾护航。

（3）促进学生全面发展。生命安全教育有助于中职生在专业技能、法律意识、道德素养等方面得到全面发展，提高他们的综合素质，增强他们的社会适应能力，为他们未来的职业发展和人生道路提供有力的支持。

二、生命安全教育的主要内容

作为中职生，我们首先要了解中学阶段生命安全教育的主要内容，自觉学习生命安全教育的相关知识，培育生命安全意识。

（一）人身安全

人身安全，是一切生命活动的基础。所谓人身安全，广义上是指个人在生命、行动、健康等方面没有危险；狭义上指的是作为自然人的身体本身的安全得到保障。

---

① 鲁国斌，蔡春苗．中小学生命安全教育与学校体育教育契合研究［J］．长江大学学报（自科版），2013（19）：125-128，163.

作为学生的我们无论是在校园中还是在校园外，都应该多一份对于安全的防范意识，了解保护自己的基本常识。尤其是对自己不熟悉的人的请求，要多加小心。

1. 提高辨别是非善恶的能力

（1）学会批判性思考，不轻信他人的观点和信息，对于不确定的信息要进行核实。

（2）培养良好的道德观念和价值观，知道什么是对的，什么是错的，什么是善，什么是恶。

（3）增强自我控制力，不随波逐流，不参与不良行为。

2. 行为端正，举止正派

（1）遵守校规校纪，不违反学校的规定，保持良好的行为习惯。

（2）在公共场所要注意自己的言谈举止，不做过于激进或冲动的行为。

（3）保持良好的生活习惯，如规律作息、健康饮食、适量运动等。

3. 学会用法律保护自己

（1）学习基本的法律知识，了解自己的权益和法律保护的范围。

（2）在遇到违法行为时，要敢于并善于依法维护自己的权益。

（3）了解并遵守网络安全法律，保护个人信息和隐私。

4. 学习防身术，提高自我防范的有效性

（1）学习基本的防身技巧和自我保护方法，如遇到自身攻击时能进行有效抵抗。

（2）在危险环境中要保持冷静，迅速评估形势，寻找逃生或求救的方法。

（3）增强身体素质，提高自己的体能和抵抗力。

（二）人际安全

人际交往是学生时代在校园中要学习的一门必修课。在人际交往过程中，应当做到真诚待人，乐于助人。同时一定要懂得辨别是非，不可轻易相信别人，时刻注意安全。在中职教育阶段，最容易出现的人际安全问题就是校园欺凌和校园暴力。

校园欺凌是指在校园内外同学的一方（个体或群体）单次或多次蓄意或恶意通过肢体、语言及网络等手段实施欺负、侮辱，造成另一方（个体或群体）身体伤害、财产损失或精神损害等的事件，它包括直接欺凌和间接欺凌，如言语侮辱、肢体攻击、关系欺凌等。中职生由于其特殊的年龄和心理阶段，成为校园欺凌的高发人群。校园欺凌对学生的身心健康造成严重损害，影响其正常学习和生活，甚至可能导致严重的心理问题和生命危险。

雪崩的时候，没有一片雪花是无辜的。面对校园暴力，不应该一个人成为孤岛。校园暴力的预防是家庭、学校和社会的共同责任。除了家庭、学校和社会的共同努力之外，对于中职生自身而言，一是在对待校园暴力这件事的态度上，要有正确的观念；二是要学会自我保护，加强安全防范，不去欺负别人，但也一定不能被别人欺负。如果发生被欺凌的情况，要学会灵活应对。

（1）自尊自信，培养健全的人格。遭遇校园欺凌的学生，普遍存在"自卑""低自尊"等特点，所以学生为了避免"被欺凌"，首先要培养自尊、自信的人格，具备积极乐观的生活态度，让自己拥有一种自信的气场。

（2）与同学和睦相处，宽以待人。在学校中要与同学们友好相处，学会与人沟通，在现实生活中寻找真正的好朋友。在日常生活交往中，不要以自我为中心，不考虑他人或是过于争强好胜。如果出现分歧或是矛盾，要懂得换位思考，同学之间多些忍耐和包容，正确对待别人和自己。如果遭遇故意挑衅或暴力袭击，要学会沉着应对，懂得周旋和巧妙化解。

（3）自觉加强法治教育。中职生要自觉遵守法律，强化法治学习，做到知法、懂法、守法，通过学习了解法律，明确自身行为会带来的法律后果，增强人身安全防范意识。

（4）加强体育锻炼，增强身体素质。平常学习之余，要多参加体育活动，锻炼身体，增强身体素质。多参加体育活动，一方面，有助于自己的身体健康；另一方面，如果发生欺凌，不至于因太过弱小而被别人欺负。

（5）要加强心理引导，提升自我的心理素质。中职生要学会控制情绪和自我宣泄。面对生活中的不良情绪要找到合适的渠道去疏解。比如可以通过运动、听音乐、练习书法或者做自己喜欢的事等方式来缓解压力，学会处理现实与理想的矛盾，学会自我调适。

（6）当遭遇暴力欺凌时，不要一味忍让，要及时告诉父母、老师，懂得寻求帮助。如果真的有欺凌事件发生在自己身上，在自己没有欺凌他人的前提下，自己一定要站出来去求得保护，不要因为施暴者的要挟、勒索而畏惧，一定要敢于同不正当势力做斗争，坚决表明自己的态度，告诉父母、老师，或者是权威部门工作人员。告诉他们施暴者是谁？他们具体做了什么？在哪里？什么时候？持续多久了？对自己造成了怎样的困扰？当你觉得欺凌已经威胁到你的人身安全时，那你就必须说出来！向父母倾诉。或许你会担心他们反应过激，但他们永远是最爱你的人，永远是最愿意帮助你的人。

（三）财产安全

财产指拥有的金钱、物资、房屋、土地等物质财富。财产安全是中学生生命安全教育中必不可少的一部分。对于中职生而言，自身经济能力不充足，财产的丢失有时会直接诱发中职生其他心理问题或不良行为。

1. 宿舍内的安全防范措施

（1）贵重物品保管：将贵重物品存放在安全的地方，如带锁的抽屉、柜子或保险箱中。避免将大量现金、贵重首饰等留在宿舍内。

（2）门窗锁闭：确保宿舍门窗在无人时上锁，防止他人非法进入。

（3）熄灭灯火：离开宿舍时，务必熄灭所有灯火，以减少火灾风险。

（4）严禁使用大功率电器：遵守宿舍管理规定，不使用电热器、电炉等大功率电器，以防引发火灾。

（5）安全用电：合理使用电源，不私拉乱接电线，避免超负荷用电。不在床铺上晾晒衣物，防止电线短路引发火灾。

（6）防火意识：了解宿舍消防设施的位置和使用方法，如灭火器、消防栓等。学会使用灭火器，掌握火灾逃生的方法。

（7）防盗意识：提高警惕，注意观察周围环境，发现可疑人员及时报告宿管人员或公安机关。不要随意邀请陌生人进入宿舍。

（8）安全培训：参加学校组织的安全知识培训，增强自身安全意识。了解并遵守学校的安全管理规定。

（9）紧急情况应对：掌握紧急情况的应对方法，如火灾、地震、盗窃等。了解宿舍附近的医疗机构、公安机关等联系方式。

（10）互相关照：与室友建立良好的关系，相互提醒、关心对方的安全。在遇到问题时，及时沟通解决。

2. 公共场所的防范措施

（1）在教室上课或自习时，钱包和书包要保管好，不要人、物分离；

（2）在图书馆，包和贵重物品应存放在柜子里并上锁，不要将钱包等贵重物品放在书桌上；

（3）在球场打篮球或踢足球时，钱包等贵重物品应有专人看管；

（4）在餐厅打饭菜时应依次排队，切勿拥挤，钱包应放在身前的包内，不要将贵重物品放在餐厅桌子上；

（5）坐公交车时上车应依次排队，不要拥挤，钱包不要放在身侧和身后衣（裤）兜内，背包应挎于身前，在车上不要睡觉，发现有可疑人员贴近自己时要小心。

（四）防范安全事故

中职生安全事故通常指的是在中职学校（中等职业学校）学习、生活或实习过程中发生的安全事故。频频发生的校园火灾、交通事故、溺水事故等安全事故严重威胁着中学生的生命安全。

1．消防安全

校园作为一个人员集聚地，如果发生火灾，后果的严重性不言而喻。无论是在教室或者是在宿舍楼，防火永远都是学校需要严肃对待的生命安全问题。为此，我们需要做到并注意以下事项：

（1）增强防火安全意识。

危险发生的一个重要原因，很多时候是人们的安全防范意识不强。因此，中职生首先应该增强消防安全意识，多了解安全知识，按照学校安全规定用电，遵守安全规定。

（2）宿舍内防火注意事项。

全面做好学生宿舍防火工作有极其重要的意义。在校园里，宿舍是人员活动较为集中和重要的场所。我们一定要有消防安全意识，为杜绝宿舍发生火灾事故，就要熟知宿舍内防火注意事项，并严格遵守（表8-1）。

表8-1　宿舍内防火注意事项

宿舍内防火注意事项	不使用大功率电器，如电饭煲、电暖器、电热毯、电夹板、热得快等。这些电器都是加速电线老化的元凶，它们会给宿舍安全带来严重危害
	不私自乱拉电源线路。不懂电工专业知识的人，乱接电线容易造成事故，而且乱接电线容易因超负荷而造成火灾
	必须做到人走断电。最后一个人离开宿舍时，一定要记得关闭电源开关，拔掉插头，特别是充电器
	禁用明火照明，灯泡照明不得用可燃物作为灯罩，床头灯宜用冷光源灯管
	不乱扔烟头、燃烧杂物、点蚊香等
	不能在宿舍保管易燃易爆物品
	不在宿舍内做饭
	不购买、使用假冒伪劣电器。假冒伪劣电器产品存在质量不过关的问题，使用这些产品会加大发生火灾的风险

（3）公共场所防火。

随着学校建设发展，教室、餐厅、图书馆等处，人员往来频繁、密度大。公共场所管理松散，部分师生防火意识不强，室内装修使用可燃物质、有毒材料多、用电量高、高热量照明设备多、空间大等诸多因素，都是导致引发火灾的危险源。一旦这种地方时有重大火灾发生时，极易造成人员伤亡。

（4）火灾逃生的注意事项。

①保持冷静：遇到火灾时，首先要保持冷静，迅速判断火势和烟雾的方向，选择最安全、最快捷的逃生路线。

②低姿逃生：热气和烟雾会上升，因此在火灾现场，地面附近的空气相对清新。应尽量弯腰或匍匐前进，减少吸入有毒烟雾。

③使用湿布：如果条件允许，可以用湿布或湿衣物捂住口鼻，减少吸入烟雾。

④熟悉环境：平时应熟悉所在建筑的布局和逃生路线，一旦发生火灾，可以迅速找到最近的紧急出口或安全通道。

⑤不要乘坐电梯：在火灾中，电梯可能会失灵，应使用楼梯逃生。

⑥封堵门缝：如果被困在房间内，应封闭门缝和通风口，防止烟雾进入。如果条件允许，可以用水浸湿门和墙壁。

⑦发出求救信号：如果被困，可以通过窗户向外发出求救信号，如挥动手电筒、敲打物品等。

⑧保持通道畅通：逃生时，不要阻塞紧急出口和通道，确保他人也能顺利逃生。

⑨注意脚下：在逃生过程中，注意地面可能存在的积水、热表面或危险物品。

⑩逃生后登记：一旦安全逃生，应立即到指定的集合点登记，以便救援人员统计人数和后续救援。

⑪不要返回火场：即使你认为有能力救人或拯救财物，也不要返回火场。火场情况复杂，生命安全是最重要的。

⑫遵守疏散命令：如有疏散命令，应立即服从，不要迟疑或抗拒。

⑬学习使用灭火器：了解并掌握灭火器的使用方法，如火势较小，可以尝试扑救。

⑭火灾逃生演练：参加单位或学校组织的火灾逃生演练，提高实战应对能力。

2. 交通安全

（1）遵守交通安全。

交通安全是指人们在道路上进行活动、玩耍时，按照交通法规的规定，安全地行车、走路，避免发生人身伤亡或财物损失。

中职生交通安全是指中职生在校园内和校园外的道路上谨遵《中华人民共和国道路交通安全法》和其他道路交通法规、规章，骑自行车、驾驶汽车，没有危险，不受威胁，不出事故。只要有行人、车辆、道路这三个交通安全要素存在，就有交通安全问题，也许只是一个小小的意外，就会造成严重后果。所以，我们要加强交通安全意识，防范交通安全事故，时刻牢记"安全第一"的原则。

（2）乘坐网约车的安全提示。

①上车前牢记车牌号。记下所约车辆的号牌和司机信息，转给亲友。上车前，要注意看清车牌或司机信息，最好拍下照片，暗中转给家人或朋友；也可以在跟家人或朋友打电话或发语音时，自然而然地提及所乘车辆的信息。此外，还可以通过发送定位随时跟亲友分享上车、途中或下车时所在的位置。

②乘车位置要注意。上车后要坐在司机正后方的座位。因为坐在这个位置，如果司机产生歹念，对乘客发动袭击时，在这个位置是最不方便的。还要记住，单独一个人坐车时最好不要坐在副驾驶位置，晚上更要注意安全。

③拼车多加防范。现在网约车有拼车服务，而拼车往往更便宜一些。但是一定要警觉，最好不要在夜间与人拼车。

④路途中认真观察。随时注意行车路线。上车后，不要自顾自地玩手机、听音乐，甚至打瞌睡，特别是夜间单独乘车的情况下一定要打起精神，注意观察司机驾驶的路线，发现异常后可随时在大马路上有人的地方喊停车。为防不测，也可以和亲友分享自己的位置。

⑤遇到危险及时报警。切勿与司机发生争执，遇到危险时要及时报警求救。如果坐网约车时遭遇不法侵害，首先要保持冷静，找机会通过短信、电话、微信等方式快速报警，也可以寻找时机向路人求助，同时尽可能记住对方的体貌特征。

三、中职生开展生命安全教育的必要性

（一）保护学生生命安全

开展生命安全教育的必要性首先体现在保护学生的生命安全上。作为国家的未来和民族的希望，学生的安全和健康成长关系到国家的发展和民族的繁荣。然而，由于年龄和心理发展的限制，中职生在面对各种潜在危险和风险时，往往缺乏足够的认识和处理能力，容易受到伤害。因此，开展生命安全教育，教授学生必要的安全知识和技能，增强他们的自我保护意识和能力，对于预防意外事故和保护学生的生命安全至关重要。

（二）促进学生全面发展

开展生命安全教育有助于促进学生全面发展。生命安全教育不仅仅是教授安全知识和技能，更重要的是通过教育引导学生正确认识生命的价值，培养他们的安全意识和

责任感。在这个过程中，学生将学会珍惜生命，关爱他人，尊重社会规则，遵守法律法规。这些品质和价值观的养成，对于学生的心理健康、道德素质和社会适应能力的提高具有重要的促进作用，有助于培养具有社会责任感和创新精神的高素质劳动者。

（三）提高社会安全水平

开展生命安全教育有助于提高整个社会的安全水平。中职生是社会的重要组成部分，其安全意识和行为习惯将直接影响到整个社会的安全状况。通过生命安全教育，学生能够掌握基本的安全知识和技能，增强安全意识，遵守社会规则，减少违法行为，从而为构建和谐安全的社会环境做出贡献。此外，开展生命安全教育还有助于提高社会对青少年安全的关注，加强家校社合作，共同为青少年创造一个安全、健康的成长环境。

综上所述，中职生开展生命安全教育的必要性体现在保护学生生命安全、促进学生全面发展和提高社会安全水平三个方面。为了确保中职生的安全和健康成长，学校必须高度重视生命安全教育，将其纳入教育教学体系，切实加强对学生的安全教育和指导。同时，要加强家校社合作，共同关注青少年安全，为构建和谐安全的社会环境共同努力。

四、信息时代中职生生命安全教育的创新与应用

在信息时代，中职生生命安全教育的创新与应用显得尤为重要。随着科技的发展，我们可以利用现代信息技术手段，如互联网、移动设备、社交媒体等，来提高生命安全教育的效果。

（1）数字化教育资源：开发数字化安全教育课程，如在线视频教程、互动式学习平台、虚拟现实（VR）体验等，使学生在任何时间、任何地点都能进行学习，提高教育的便捷性和趣味性。

（2）社交媒体宣传：利用社交媒体平台发布安全知识、案例分析、安全提示等内容，以学生喜闻乐见的形式进行安全教育，增加教育的吸引力和参与度。

（3）移动应用（App）开发：开发专门针对中职生生命安全教育的 App，集成紧急求助、安全知识、心理辅导等功能，为学生提供一站式安全服务和学习平台。

（4）家校互动平台：建立家校互动平台，通过短信、App、社交媒体等平台，及时沟通学生的安全信息，提高家长对子女安全的关注和参与度。

（5）网络安全教育：鉴于信息时代网络安全的重要性，加强对中职生的网络安全教育，教授其如何识别网络欺诈、保护个人隐私、避免网络沉迷等。

（6）应急演练与模拟：利用信息技术模拟各种紧急情况，如火灾、地震、交通事故等，让学生在虚拟环境中进行应急演练，提高他们的应急处理能力。

（7）数据分析与评估：通过数据分析工具，收集和分析学生安全行为的数据，评估安全教育的效果，为教育策略的调整提供依据。

（8）跨学科融合：将生命安全教育与信息技术、心理学、社会学等学科相结合，开发跨学科的安全教育课程，提高教育的综合性和实用性。

通过上述创新与应用，信息时代的中职生生命安全教育将更加高效、生动、实用，能够更好地适应时代发展的需求，增强学生的安全意识和自我保护能力。

【聚焦归纳框】

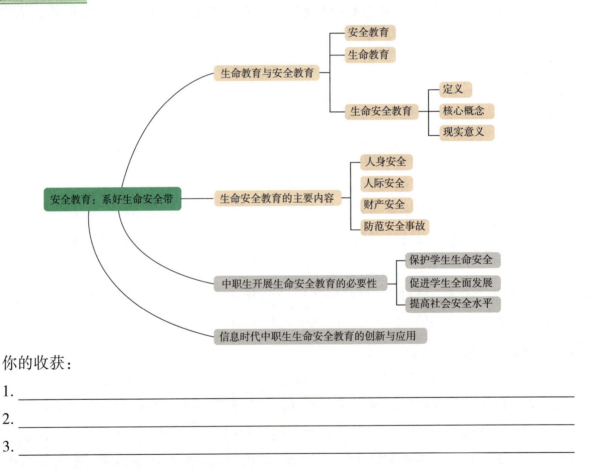

你的收获：

1. _____

2. _____

3. _____

【成长训练营】

登录国家虚拟仿真实验教学项目网"https：www.ilabx.com/"，完成"自然灾害应急处理"虚拟仿真实验。

保健自强：争做健康管理师

专题九

治身不静则身危，养生之道在于动。——曾国藩

【专题导航栏】

　　健康不仅是人们在生活来往中互致问候时最常用的祝福语，还是国家发展战略中必不可少的组成部分。习近平总书记强调："人民的获得感、幸福感、安全感都离不开健康，要大力发展健康事业，要做身体健康的民族。"然而什么是健康，并不是每个人都能够全面正确理解。本专题将从"两维四重生命观"的视域去理解世界卫生组织所提出的"四维健康观"，从而唤醒我们尊重身体的智慧，珍视生命的存在，维护生命健康，争做会生活、懂养生的健康管理师。

【活动体验营】

舞动身体

　　在音乐的陪伴下，遵循教师的指导语完成相应动作：

　　屈：设想自己化身为一条蛇，为避免天敌而将身体蜷缩。

　　伸展：设想自己成为大象或猴子，让身体各部位呈现相应变化。

　　摆动：设想自己是一只企鹅，自然地让身体跟随节奏摆动。

　　讨论分享：

　　通过游戏式身体探索，你是否能够体会到肢体表达与身体智慧之间的关联？

【生命智慧窗】

一、解读健康

（一）四维健康观

　　1989年，世界卫生组织进一步明确了21世纪健康新概念，即"健康不仅是没有疾病，而且包括躯体健康、心理健康、社会适应良好和道德健康的四维健康观。"将道德品质纳入健康范畴，意味着21世纪人类健康应是生理、心理、社会适应力和道德修养的完美融合，与"两维四重"的生命观念高度契合。

1. 生理健康

生理健康是指身体健康，就是人体的各个系统、组织、器官的功能正常，没有疾病，躯体无残缺，而且体能良好。古人认为："人生有形，不离阴阳。"五脏为阴，六腑为阳，形成阴阳调和的有机整体。在现代健康观念中，生理健康、心理健康、社会适应力和道德品质彼此相互依赖，相互促进。生理健康作为物质基础，为心理健康和良好的社会适应提供支持，而这些因素又反过来推动生理健康的发展，道德健康则统御整体健康。

生理健康的新标准：

（1）有充沛的精力，能从容不迫地担负日常工作和生活，而不感到疲劳和紧张；

（2）积极乐观，勇于承担责任，心胸开阔；

（3）精神饱满，情绪稳定，善于休息，睡眠良好；

（4）自我控制能力强，善于排除干扰；

（5）应变能力强，能适应外界环境的各种变化；

（6）体重适当，身材匀称；

（7）牙齿清洁，无空洞，无痛感，无出血现象；

（8）头发有光泽，无头屑；

（9）反应敏锐，眼睛明亮，眼睑不发炎；

（10）肌肉和皮肤富有弹性，步伐轻松自如。

2. 心理健康

心理健康是指一个人能够适应发展着的环境，具有完善的个性特征，并且其认知反应、情绪反应、意志行为处于积极状态，有较好的自控能力，且能保持心理上的平衡，能自尊、自爱、自信而且有自知之明。《黄帝内经》将"以恬愉为务"视为心理养生的重要标准，"恬愉"即喜悦、和悦。心理健康受多种因素影响，评估心理健康水平需综合考虑多方面因素。

中国著名心理学家王极盛、樊富珉、王效道、李百珍教授等都提出了心理健康的标准。其标准的共性特点有以下几方面：

（1）要了解自我、接纳自我，能体验自我存在的价值；

（2）要正视现实、接纳他人；

（3）能协调好各种关系、有良好的自制力，情绪健康，对自己的情绪、情感、思维等心理活动具有良好的自我控制和调节能力，从而维持整个机体功能的协调，心境良好；

（4）精力充沛，有积极向上的、现实的人生目标；

（5）要有强烈的责任感，对社会有责任心；

（6）要心地善良，对他人有爱心；

（7）良好的适应能力。

（8）反应适度、心理特点符合年龄。

以上是心理健康的主要特征，但是心理健康并非超人的非凡状态，只要在生活实践中，能够正确认识自我，自觉控制自己，正确对待外界影响，使心理保持平衡协调，就已具备了心理健康的基本特征。

3.社会适应健康

社会适应健康表现为积极参加社会实践，正确地认识社会的发展变化，积极地适应社会的发展变化。[①] 范仲淹曾言："不以物喜，不以己悲。"在自我反省或探索外部世界时，均需保持淡然平静的心态。社会方面的健康主要体现在个体的社会适应能力上，良好的社会适应需具备以下条件：

（1）和谐的人际关系。人具有社会属性，人生活在社会中，就要善于与人友好相处，助人为乐，建立良好的人际关系，心情愉快地进行各项社会活动，在取得成绩时使自己感到欣慰。

（2）能恰当地承担自己的社会角色和社会职能。在人生的不同阶段、各种场合以及各自的工作岗位上，人们扮演着各异的社会角色，并承担着相应的社会责任。例如，一个中年男子在家里是丈夫、父亲，有关心妻子、养育孩子的义务；在工作岗位上可能是工人、农民、军人、医生、教师等，分别有做工、种田、站岗放哨、治病救人、教书育人等职责。

（3）正常的社会承受能力。在现实社会生活中，不可避免会遭受一些令人不愉快的事件，如自然灾害、家庭不幸、工作变动、事业受挫等。对于这些，人人都会产生焦虑和不安。但有较强承受能力的人能够理性对待，在较短时间内调整过来，恢复到正常的心理状态。

4.道德健康

道德健康主要是指能够按照社会道德行为规范准则约束自己，并支配自己的思想和

---

① 刘靖南，王家林，谢翔.体育文化与健康教程［M］.桂林：广西师范大学出版社，2007.

行为，有辨别真伪、善恶、美丑、荣辱的是非观念和能力。把道德纳入健康范畴是有科学依据的。医圣孙思邈指出："性既自善，内外百病皆悉不生，祸乱灾害亦无由作，此养性之大经也。"品行善良，心态淡泊，为人正直，心地善良，心胸坦荡者，则心理平衡，有助于身心健康。良好的心理状态，能促进人体内分泌更多有益的激素、酶类和乙酰胆碱等，这些物质能把血液的流量、神经细胞的兴奋度调节到最佳状态，从而增强机体的抗病力，促进人们健康长寿。而有违于社会道德准则，胡作非为者，则会导致紧张、恐惧等不良心态，有损健康。据测定，这类人很容易发生神经系统和内分泌系统功能失调，其免疫系统的防御能力也会减弱，最终会在各种身心疾病的折磨下早衰或者早亡。因此，做一个道德完善的人，必然心理健康、心地善良、心态安定，也就能实现家庭和睦，适应社会的变化，达到"仁者寿"的生活目的。

综上所述，世界卫生组织提出的健康新概念，明确了所谓健康不仅仅是不得病，还应包括心理健康以及社会交往方面的健康。从这个新概念上可以看出，健康是多维的，由过去单一的生理健康（一维）发展到生理、心理健康（二维），又发展到生理、心理、社会良好（三维），再发展到生理、心理、社会良好、道德完善（四维），这个四维健康新概念就是当代人们应具备的新的健康意识。

（二）身、心、灵统合的全人健康观

身、心、灵，三个字的字面意义分别是："身"，指躯体；"心"，即心理，主要指情绪；"灵"主要指精神或精神状态，即人的意识、思想、思维活动等。"身、心、灵"作为一个整体，具有两层含义，其一是指"身、心、灵"三个层面，也就是说，该模式以在这三个层面上进行介入为主要形式；其二，指三者之间存在的互动关系，即该模式的目标是促进"身、心、灵"三者关系的良性发展，进而实现全人健康的目标。

身、心、灵，在全人生命教育中注重的是三个方面的统一与和谐，把人看作身心灵的统合体，以寻求整体健康与精神成长。身、心、灵的本质就是自我、本我和超我。而"身、心、灵"健康包括身体健康、心理健康和精神灵性健康。心理健康和精神健康有着密切的关系。心理与思想是人的精神活动，是人脑对客观外界的反映。

在社会生活中，一个人的心理健康水平容易受到思维活动和各种观念的影响，而良好的自我意识、理性的思维习惯和坚定、乐观的人生目标则是保障心理健康的内在基础。身心灵理论认为，精神健康的人是一个自尊感高、可以自我完善、能与大自然融合、能感受生命喜悦，并能建构有意义人生目标的人。

生命教育视野下的全人健康目标是指，第一，"身"层面的目标：健康地活着、快

乐地活着、有希望地活着，延展生命的长度；第二，"心"层面的目标：实现自我同一、实现自我价值、实现人我和谐，拓展人文素养，扩充生命的宽度；第三，"灵"层面的目标：学会赋予生命意义、建构正向价值系统、确立积极人生信念信仰，提升人格，增加生命的高度。

二、破坏健康的行为

陶行知曾经说过："忽略健康的人，就等于在与自己的生命开玩笑。"自认为年轻的我们是否做出了很多伤害自己身体、透支健康的行为呢？

（一）网瘾问题

网瘾是指在无成瘾物质作用下，对互联网使用冲动失控的行为，表现为过度使用互联网后导致显著的学业、职业和社会功能损伤。随着互联网对人们生活影响力的加剧，人们对网络的依赖日益加深。调查发现，上网行为在中学生生活中占据了大量时间和精力。中学生的生活方式呈现出更为"宅"的特点，47.9%的中学生比过去更愿意待在家里。长时间缺乏户外运动对青少年的生理健康产生负面影响，尤其在视力方面，43.5%的中学生认为电脑和手机使用过度导致视力下降较快，59.2%的中学生已出现近视。此外，过度依赖网络也会影响他们的社交能力。网络虚拟社交无法完全取代面对面的人际交流。数据显示，有12.4%的中学生认为互联网使他们的孤独感加剧，与现实人际交往的距离逐渐拉大。

（二）吸烟问题

根据世界卫生组织报告，每3个吸烟者中就有1个死于吸烟相关疾病，吸烟者的平均寿命比非吸烟者缩短了10年。烟草对健康的危害已经成为当今世界最严重的公共卫生问题之一。我国现有吸烟者逾3亿人，迫切需要对烟草危害加以预防。每年因吸烟相关疾病所致的死亡人数超过100万人，因二手烟暴露导致的死亡人数超过10万人。中职生的人体各系统器官尚未完全成熟，对环境中有害因素的抵抗力较弱，香烟烟雾中有害物质微粒容易达到细支气管和肺泡，毒物容易被吸收，人体组织受损害会比较严重。中职生吸烟多了，会感到精力不集中，出现头痛、头昏现象。久而久之，大脑会受到损害，使思维变得迟钝，记忆力减退。同时，烟草烟雾中含有多种已知的致癌物，有充分证据表明吸烟可以导致多种恶性肿瘤，还会导致呼吸系统和心脑血管系统等多个系统疾病。吸烟还会引起骨质疏松，吸烟者骨量丢失率约为正常人的 1.5 ~ 2 倍，吸烟对肾上腺皮质及性激素的代谢都会有所改变，吸烟还可以使人体内钙的吸收减少。而尼古丁能破坏血管内皮细胞完整性，并增加血液黏稠度，导致血压升高、心跳加快、动脉硬化、中风或心肌梗死等疾病。

（三）饮酒问题

根据世界卫生组织《2018年酒精与全球健康状况报告》，全球15~19岁青少年中饮酒者超过1/4（26.5%），共计1.22亿人。饮酒是一个非常严重的公共卫生问题，其导致的全球疾病和损伤比例达到5.1%，且在20~39岁青年群体的死亡和残疾案例中，13.5%与酒精使用有关。青少年饮酒不仅会危害身体健康，还会增加其他不良行为的发生风险。饮酒行为发生得越早，成年后问题饮酒行为就越容易发生，患溃疡、癌症、心脑血管疾病和肝硬化等疾病的风险也更高。[①] 按照饮酒者日均酒精摄入量 ≥ 15 g 定义为过量饮酒，2015—2017年数据显示，中国男性和女性饮酒者过量饮酒量分别为56.8%和27.8%。

（四）饮食问题

近年来，青少年不良饮食习惯日益凸显，甚至在经济欠发达的农村地区也普遍存在，诸如不吃早餐或早餐营养不足、过度食用零食、频繁饮用含糖饮料，以及消费西式快餐（尤其在城市学生中）等现象。众多国内外研究揭示，不吃早餐或早餐营养不足不仅不利于学生营养摄入和健康，而且会对学习能力、认知能力和体能产生负面影响，甚至诱发超重和肥胖。据统计，高达99%的学生经常食用零食，主要为冷饮、油炸和膨化食品。[②] 研究发现，长期食用以炸鸡、炸薯条和碳酸饮料为主的西式快餐，对青少年学生的危害不仅体现在肥胖方面，还可能增加糖尿病、高血脂、高血压、冠心病等慢性病的发病风险。此外，青少年饮用含糖饮料的现象也十分普遍，每日人均饮用量高达500 mL。长期过量饮用含糖饮料将导致摄入过多糖分，增加能量摄入，可能引发一系列健康问题，如肥胖、影响儿童发育、骨折风险增加以及提高2型糖尿病发病危险等。

（五）睡眠问题

马尔克斯在《百年孤独》里写道："失眠症是时疫性疾病。"目前，全球27%的人存在不同程度的睡眠问题，而我国约有4亿多人受睡眠问题困扰。《中国青少年儿童睡眠健康白皮书2019年》显示，全国有81.2%的青少年睡眠时间未达到8小时/天的睡

---

① LIMAF, SIMSS, O'DONNELL M.Harmful drinking is associated with mental health conditiona and other risk behaviours in Australian young people［J］.Aust N Z Public Health，2020，44（3）：201-207.

② 刘爱玲，李艳平，郝利楠，等.我国7城市中小学生零食消费行为分析［J］.中国健康教育，2009，25（9）：650 — 667.

眠标准。^①一些中职生玩游戏到凌晨、看电影、开卧谈会的情况比比皆是，然后第二天上午逃课睡觉，长此以往，引起恶性循环，导致学业和健康均得不到保障。

三、保健自强我当先

联合国世界卫生组织始终致力于推广健康医学理念，并在 1996 年明确指出："21 世纪的医学不应继续以疾病为核心研究领域，而应聚焦于人类健康。"那么，健康究竟有何标准呢？

（一）健康的标准——"五快三良"

1."五快"

（1）食得快。吃饭时有很好的胃口，不挑剔食物，食欲与进餐时间基本一致，这证明内脏功能正常。

（2）便得快。有便意时，能很快地排泄大小便，且感觉轻松自如，身体有一种良好的感觉，说明胃肠功能良好。

（3）睡得快。晚间有自然睡意，上床能很快入睡，而且睡得很深。醒后头脑清醒，精神饱满。

（4）说得快。说话流利，语言表达正确。说话内容有中心，合乎逻辑，能根据话题随机应变。

（5）走得快。行动自如、协调，迈步轻松、有力；转体敏捷，反应迅速，动作流畅。

2."三良"

（1）良好的个性。性格温和，言谈举止得到别人的认可，能够在适宜的环境中充分发挥自己的个性特点，没有经常性的压抑感和冲动感，意志坚强，自我发展目标明确，工作学习具有自觉性和持续性。

（2）良好的处世能力。看问题客观、现实，具有自我控制能力，与人交往的行为方式能被大多数人所接受。

（3）良好的人际关系。有与他人交往的愿望，有选择地交朋友，珍视友情，尊重别人的人格。

---

① 中华人民共和国教育部. 中国青少年儿童睡眠健康白皮书 2019 年［C］.艾瑞咨询系列研究报告. 上海：上海艾瑞市场咨询有限公司，2019：185 － 235.

（二）认识亚健康

亚健康状态，即机体处于健康与疾病之间的特殊状态，表现为生理功能低下，无器质性病变，仅有功能性改变，被称为"灰色状态""病前状态"或亚临床潜病期。过去一般认为亚健康主要影响高压职业人群，但近年来的研究揭示，青少年这一特殊社会群体也为亚健康的高发人群。亚健康状态不仅导致免疫功能下降，影响工作与学习效率，且为多种成年期慢性疾病的前期状态，对健康及寿命产生影响。

下面列举"十大亚健康症状"，若身体出现类似信号，我们应给予积极关注。

（1）精神紧张，焦虑不安；

（2）记忆闭塞，熟人忘名；

（3）精力下降，动作迟缓；

（4）头昏脑胀，恢复缓慢；

（5）腰酸背痛，此起彼伏；

（6）味觉减退，食欲不振；

（7）便溏便秘，腹部饱胀；

（8）胸痛胸闷，心区压感；

（9）心悸心慌，心律不齐；

（10）入睡困难，多梦易醒。

四、学会生活，健康养生

生命教育不仅要关注生命本身，还要关心生存能力培养和生存品位的提升，即学会生活，做到生活安排合理和科学。世界卫生组织针对严重影响人们健康的不良行为与生活方式，提出了健康四大基石的概念，并指出如果做到这四点，便可解决70%的健康行为问题，使平均寿命延长10年以上。健康的四大基石是：合理膳食、适量运动、戒烟限酒、心理平衡。2016年，中共中央、国务院印发《"健康中国2030"规划纲要》，提出了今后15年我国推进"健康中国"建设的行动纲领，其中也体现了四大基石的相关内容。

1. 健康第一基石：合理膳食

全球疾病负担研究显示，不合理的膳食是中国人疾病发生和死亡的最主要因素。中国居民平衡膳食宝塔（2022）（图9-1）和中国居民平衡膳食餐盘（2022）（图9-2），阐释了平衡膳食的主旨思想和食物组成结构，利用塔形和太极图形，很好地突出了中国文化特色和平衡理念，也方便大众记忆和理解。膳食指南包括以下八条：①食物多样，合理搭配；② 吃动平衡，健康体重；③多吃蔬果、奶类、全谷、大豆；④适量吃鱼、禽、蛋、瘦肉；⑤少盐少油，控糖限酒；⑥规律饮食，足量饮水；⑦会烹会选，会看标签；⑧公筷分餐，杜绝浪费。

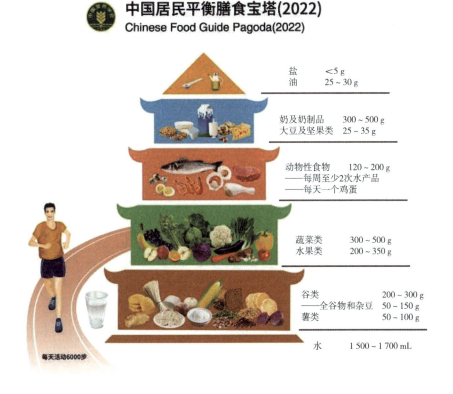

图9-1 中国居民平衡膳食宝塔

膳食宝塔共分五层，包含人每天应摄入的主要食物种类，利用宝塔各层位置和面积的不同反映了各类食物在膳食中的地位和应占的比重。谷薯类食物位居底层，每人每天应摄入谷薯类食物 250 ～ 400 g；蔬菜和水果居第二层，每天应摄入 300 ～ 500 g 和 200 ～ 350 g；畜禽、水产、蛋类等动物性食物位于第三层，平均每天摄入总量 120 ～ 200 g；奶及奶制品、大豆及坚果类食物居第四层，每天应吃相当于 300 g 液态奶的奶类及奶制品和 25 ～ 35 g 的大豆及坚果类制品。第五层塔顶是烹调油和食盐，成人每天烹调用油 25 ～ 30 g，食盐不超过 5 g。新的膳食宝塔图把饮水、零食及饮料膳食列入，使内涵更加丰富全面，强调每人每天的饮水量应在 1 500 ～ 1 700 mL，要求成年人每天进行累计相当于步行 6 000 步以上的身体活动。

图9-2　中国居民平衡膳食餐盘

2. 健康第二基石：适量运动

动则有益，贵在坚持。中职生正处在人生经历中最为重要的阶段，此阶段是各种生活习惯养成的关键时期，良好的运动习惯可以增强体质和及早预防慢性病的发生。选择适合自己的运动方式、强度和运动量，减少运动风险。鼓励每周进行 3 次以上、每次 30 分钟以上中等强度运动，或者累计 150 分钟中等强度或 75 分钟高强度身体活动。日常生活中要尽量多动，达到每天 6 000 ~ 10 000 步的身体活动量。一次完整的运动包括准备活动、正式运动、整理活动。同时，减少久坐时间，每小时起来动一动，尤其是课间时间，在教室内外进行简单活动。吃动平衡，让摄入的多余能量通过运动的方式消耗，达到身体各机能的平衡。

3. 健康第三基石：戒烟限酒

烟和酒作为影响人身体健康的两大杀手，是我们生命成长过程中的重要障碍。要充分了解吸烟和二手烟暴露的严重危害。不吸烟者不去尝试吸烟。吸烟者尽可能戒烟，戒烟越早越好。同时，在禁止吸烟场所劝阻他人吸烟，依法投诉举报在禁止吸烟场所吸烟行为，支持维护无烟环境。

要充分了解过量饮酒的危害，用科学、理性的态度面对饮酒问题，严格控制饮酒次数，每月限制饮酒数量，着重于提高饮酒质量，而不是简单地追求刺激情绪和片面地满足社交需要，避免出现劝酒、拼酒、醉酒的现象。

4. 健康第四基石：心理平衡

心理平衡是指一种良好的心理状态，即能够恰当地评价自己，能够应对日常生活中的压力，有效率地工作和学习，对家庭和社会有所贡献的良好状态。保持平常心，人就会心情舒畅，人脑就会分泌出增强体质的益性荷尔蒙——β-内啡肽，心情烦闷则会产生影响健康的毒性荷尔蒙。所以心理平衡是我们保健最主要的措施。

　　学会使用科学的方法缓解压力。保持乐观、开朗、豁达的生活态度，合理设定自己的目标。世界上没有最差的处境，只有最坏的心情。《老子》中提到："祸兮，福之所倚；福兮，祸之所伏。"我们要汲取先贤的这种文化基因，调整心态，做三乐之人。一要助人为乐，二要知足常乐，三要自得其乐。要善待自己，享受工作和生活，全面了解自我、悦纳自我。人无完人，不要过分苛责自己。正确认识重大生活、工作变故等事件对人的心理造成的影响，学习基本的减压知识，学会科学有益的心理调适方法。合理膳食、适量运动、戒烟限酒、心理平衡，这四大基石缺一不可。

【聚焦归纳框】

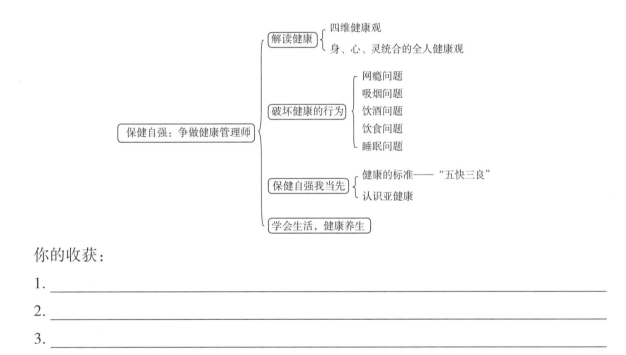

你的收获：

1. _____

2. _____

3. _____

【成长训练营】

序号	题目	没有	轻度	中度	偏重	严重
1	近来时常觉得打不起精神，对什么都没有兴趣	1	2	3	4	5
2	近来常有恐慌之感，似乎有灾难要发生	1	2	3	4	5
3	后背痛，肌肉酸痛	1	2	3	4	5
4	日子过得挺灰暗，常感到压抑	1	2	3	4	5

续表

序号	题目	没有	轻度	中度	偏重	严重
5	心跳得厉害，呼吸也不顺畅	1	2	3	4	5
6	学习1小时后，就感到身体倦怠，头脑也变得迟钝	1	2	3	4	5
7	不想面对同学和老师，有逃避的愿望	1	2	3	4	5
8	学习感受不到乐趣和成就，完全成了一种负担	1	2	3	4	5
9	睡眠质量差，且早上起床后仍感到头脑昏沉	1	2	3	4	5
10	学习效率下降，老师已表示了对你的不满	1	2	3	4	5
11	食欲减退，即使符合自己胃口的饭菜，也感到索然无味	1	2	3	4	5
12	常感到疲惫，渴望休息，通过休息也难以恢复	1	2	3	4	5
13	体重明显减轻，早上起床后常眼眶深陷，有黑眼圈	1	2	3	4	5
14	熟悉的任务感到困难重重，自己也感到什么地方出了毛病	1	2	3	4	5
15	不再热衷于朋友的聚会，以至于许多好朋友长时间不来往	1	2	3	4	5
16	早上起床后，有持续的头发掉落，近期经常如此	1	2	3	4	5
17	感到火气很大，一脸愤愤不平的样子	1	2	3	4	5
18	手脚总是冰凉的	1	2	3	4	5
19	昨天想好的事，今天怎么也想不起来了，这样的事近来总发生	1	2	3	4	5
20	常怀疑自己的能力，不敢尝试新事物，对他人的成功则是既羡慕又嫉妒	1	2	3	4	5
21	社会发展得太快，感到无所适从，认为时代已将自己抛弃	1	2	3	4	5
22	学习专注力减弱，暗自怀疑自己的学习能力	1	2	3	4	5
23	感到孤独，满腹的心事，却找不到倾诉的对象	1	2	3	4	5
24	感到自己挺可怜，希望有人能保护自己	1	2	3	4	5
25	事情一多就感到心情烦乱，有应付不了的感觉	1	2	3	4	5

序号	题目	没有	轻度	中度	偏重	严重
26	父母对自己不满意	1	2	3	4	5
27	生活没有了激情，很少碰到使自己开心的事，整日茫然地过日子	1	2	3	4	5
28	容易感冒，流感一来必感冒	1	2	3	4	5
29	对周围环境的污染、噪声等非常敏感，实在难以忍受，渴望清静	1	2	3	4	5
30	感到事情变得很糟糕，且看不到改善的征兆	1	2	3	4	5

1. 根据"亚健康状态自评表（SRSHS）"进行自测。

评分标准：

较完满状态：30～39分；

亚健康状态：40～69分；

轻度亚健康状态：40～49分；

中度亚健康状态：50～59分；

重度亚健康状态：60～69分；

疾病状态：70分以上。

2. 拟定《个人保健计划书》，请尝试从以下七个方面来设定增进健康的行动计划书（饮食习惯、运动项目与计划、健康检查时间表、生活方式与态度、抗压方法、用药习惯、其他）。

专题十　生存权利：捍卫平等生存权

我们不是继承了地球，而是借用了子孙的地球。——引自《联合国环境方案》

【专题导航栏】

以生命的名义，想想过去。当我们回顾人类的历史，看到人类自身是如何善待和使用这样一项特有的权利时，不知会有怎样一番感受？本专题我们将进行生命权利的探索，进而懂得生命面前，众生平等；懂得生存权是一项基本人权，神圣不可侵犯；了解人与人、人与社会、人与自然的和谐与共存的至关重要性。

【活动体验营】

孤岛救援

海啸来临，有4名游客被困孤岛（60岁的老人、7岁的小孩、20岁的大学生、30岁的孕妇）。作为营救队员，时间紧急，生死关头，你打算怎样营救？

讨论分享：

1. 你所在的小组是以何种方法达成共识的？
2. 谈谈你所在小组的营救顺序。为什么？
3. 你从游戏中感受到了什么？

【生命智慧窗】

人最宝贵的是生命。无论是人的成长和发展，还是生活滋味的品尝、人生幸福的体验，无不以生命的存在为前提。所以，人们对生存权利的认识更加直接地关系着人类的生存方式和价值追求。也就是说，人类的发展与对人类生存权利的认识密切相关，由于人类对生存权利的不懈追求，才造就了人类社会的发展、文化历史的进步，才有了我们灿烂辉煌的今天。

一、认识生存的权利

人要学会生存，就要对生存权利有所认识。生存权是指人们获得足够的食物、衣着、住房以维持有尊严的、一定生活水准的权利，包括食物权、衣着权、住房权等具体内容。生存权是从权利的角度对人的生存条件的规定，是指人人都应享有自由、平等的生存条件，既包括生命安全不受侵犯的政治法律条件，又包括基本生活受到保障的社会条件，既是人类个体的权利，也是人类群体的权利。生存权是最基本的人权，是享受其他人权的前提。

首先，中职生作为国家的未来劳动者，其生存权利得到法律保障，国家通过多种途径确保他们能够在良好的环境中学习和成长。教育是中职生获取知识和技能的主要途径，也是他们提高自身素质、实现个人价值的重要手段。因此，中职生有权利接受良好的教育，获得实用的专业知识和技能，为将来的就业和生活打下坚实基础。

其次，中职生的生存权利还体现在他们的生活保障方面。随着我国社会经济的快速发展，政府对教育、医疗、住房等民生领域的投入不断加大，为中职生提供了较为完善的生活保障。例如，国家实行资助政策，为家庭经济困难的中职生提供学费、住宿费减免和助学金等帮助，确保他们能够顺利完成学业。

此外，中职生的生存权利还与他们的就业权益密切相关。在我国，政府高度重视职业教育和技能人才培养，鼓励企业与学校合作，为中职生提供实习实训和就业机会。中职生在毕业时享有平等的就业权益，有权选择适合自己的工作岗位，实现自身价值。

总之，对于中职生来说，生存权利是保障他们身心健康、学业成就、未来发展的基础。在我国社会主义制度下，政府、社会和企业应共同关注中职生的生存权利，为他们创造更好的学习、生活和就业环境。同时，中职生也应珍惜自己的生存权利，努力学习，提高自身素质，为实现中国梦贡献自己的力量。

（一）生存与生存权

生存与生存权是一个深刻的哲学和社会学问题，涉及人类的基本需求、法律保障以及社会伦理等多个层面。

生存是指生物体维持其生命活动的过程，包括获取必要的物质资源（如食物、水、空气）、维持体温、进行新陈代谢、生长发育、繁殖后代等。对于人类而言，生存不仅仅是生物学的概念，还包括社会、文化、心理等多个层面。人们在社会中生活，需要满足一定的社会需求，如社交、尊重、自我实现等，这些都是生存的一部分。

生存权是一个法律和伦理的概念，指的是每个人都有权利维持自己的生存，包括获取基本的生活资源、接受教育、获得医疗保健、享有公正的审判等。生存权是人权的基本组成部分，是其他权利的前提和基础。在国际法和国内法律体系中，生存权通常被认为是一个国家对其公民的最基本的责任和义务。

生存权包括但不限于以下几个方面：

（1）生命权：保护个人不受故意杀害或威胁，有权获得必要的医疗照顾以维持生命。

（2）食物权：有权获得足够的食物以维持健康和活力。

（3）住所权：有权获得适当的住所，以保障个人和家庭的隐私和安全。

（4）健康权：有权获得必要的医疗服务和保健，以保持身体健康。

（5）教育权：有权接受教育，以提高个人素质和能力，改善自己的生活条件。

在理解生存与生存权时，我们还需要考虑以下几点：

（1）可持续性：随着人口增长和资源消耗，生存权也需要考虑对未来世代的可持续性影响。

（2）平等性：生存权要求社会为所有人提供平等的机会和资源，以保证每个人都能维持基本的生活标准。

（3）社会责任：国家和个人都有责任保障他人的生存权，特别是在面对危机和灾难时，更应体现出人道主义精神和社会责任感。

综上所述，生存与生存权是一个复杂的概念，它不仅涉及个人的基本需求，还涉及法律、伦理、社会政策等多个层面。

（二）生命权与生存权

在汉语中，生存与生命密切相关，生存就是指生命的保存。这大概是人们将生存权与生命权混为一谈的一个重要原因。还有一个值得注意的重要原因，那就是过去我们将国际人权公约上的"生命权"（The Right to Life）错误地翻译为"生存权"。1966年联合国大会通过的《公民权利与政治权利国际公约》（当时翻译为《公民及政治权利国际盟约》）的中文文本第六条第一款原文为："人人皆有天赋之生存权，此种权利应受法律保障。任何人之生命不得无理剥夺。"而且，也许受上述影响，国内有些宪法书籍在翻译德国、俄罗斯、哈萨克斯坦等国的宪法文本时也使用"生存权"一词。但从这些国家的立宪本意来看，应当翻译为"生命权"。

然而，生存权与生命权是有区别的。生存权（The Right to Survival）和生命权（The

Right to Life）是两个密切相关但有所区别的概念，它们都属于基本人权，但在权利内容和法律解释上有所不同。

生命权通常指的是每个人都有权享有生命，免受无理的威胁和侵害。这是一个更为基本和广泛的概念，它涵盖了生存权的各个方面，但更侧重于保护个人不遭受故意杀害或无故剥夺生命。生命权强调的是生命的不可侵犯性，是生存权得以实现的前提。

生存权则更加具体，它不仅包括生命权，还涵盖了维持生命所必需的其他条件，如足够的食物、安全的住所、适当的医疗保健和教育的权利。生存权强调的是个人和社会必须提供必要的条件，以确保每个人都能维持基本的生活水平。

在国际人权法中，生命权通常被视为最基本的人权，没有生命权，其他权利都无从谈起。而生存权则更加侧重于保障个人在社会中能够享有基本的生活标准，从而实现其生命的价值和尊严。

当然，二者也有密切的联系。生命权是生存权的前提，没有生命权，生存权不可能存在，也没有意义；同时，生存权是生命权延续的保障，没有生存权的保障，即使人的生命不被国家非法剥夺，也可能饿死或冻死。

（三）经济权、财产权与生存权

财产往往是生存的基本条件，财产权是生存权的内涵之一，资本主义生存权理论认为，"生存权是建立在财产权的基础之上的，保障财产权就是保障人的生存权"。如"获得必要生活资料的权利"是生存权的内容之一，它实质上就是最低限度的生活保障与财产权利。生存权作为一项个人生存的权利，包括经济权利，又不限于经济权利。它包括经济权利是因为大部分经济权利都涉及生存权问题，如财产权、劳动就业权的意义和生存权密切相关；生存权不限于经济权利是因为个人要生存不仅需要有一定的财产、劳动就业以及基本的物质供应，而且要有基本的行动自由和安全等人身权利。

（四）自由权与生存权

在"自由权"与"社会权"的两分法中，自由权主要指公民权利与政治权利；社会权主要指经济、社会、文化权利。从宏观上看，"自由权"与"社会权"都涉及生存权。有学者指出："自由权主要指公民权利与政治权利"，包括"生命、自由、人身安全、隐私和财产的权利；婚嫁和家庭的权利；接受公正审判的权利；免做奴隶，免受酷刑和任意逮捕的权利；自由迁徙和寻求庇护的权利；拥有国籍的权利；思想、良知和宗教自由的权利；言论自由的权利；自由集会和结社的权利以及自由选举、普选和参与公众事务的权利。"其中，人身安全、免做奴隶、免受酷刑和任意逮捕的权利、自由迁徙和寻求庇护的权利等显然既不是"公民"权（而是"人"权）也不是"政治权利"（而是"人身权利"），它们也不仅仅是自由权（人身自由），还是生存权。这些权利不仅意味着权利人可以自由地做出选择，而且是权利人生存的基本需要。因此人身自由既是自由权也是生存权。[①]

二、战争对人类生存的影响

战争对人类生存的影响是深远和复杂的，可以从多个角度来分析：

（1）生命损失：战争最直接的影响是人员伤亡，包括战斗人员和平民。战争会导致大量的生命损失，给家庭和社会带来深刻的悲痛和创伤。

（2）社会经济破坏：战争往往会导致基础设施的破坏，如房屋、道路、桥梁和医院等。这不仅影响人们的日常生活，还严重阻碍了经济的正常运行和发展。

（3）环境破坏：战争期间使用的爆炸物和化学武器等会对自然环境造成严重的破坏，包括土地污染、森林砍伐和野生动植物的栖息地丧失等。

（4）心理影响：战争会给参战者、受害者以及整个社会带来长期的心理创伤。战争相关的记忆、创伤后应激障碍（PTSD）和其他心理健康问题可能在战争结束后长期存在。

（5）社会秩序和政治稳定：战争往往会导致社会秩序的崩溃和政治稳定的丧失。权力真空、法律和秩序的崩溃以及军阀主义的出现都是战争常见的后果。

（6）人口流动：战争常常导致大规模的人口流动，包括难民和流离失所者。这些人群可能会遭受饥饿、疾病和剥削，同时也给接收国带来巨大的社会和经济压力。

（7）经济负担：战争的开支巨大，国家往往需要投入大量的资源用于战争，这会严重削弱公共财政，影响教育、卫生和社会保障等领域的投资。

（8）社会不平等和贫困：战争常常加剧社会不平等和贫困问题。资源的不公平分配、经济衰退和就业机会的减少都会使弱势群体的生活更加艰难。

在这个世界上，最宝贵的是人的生命。尽管绝大多数的人都厌恶战争、热爱和平，但在人类历史上，战争从未停止过。托洛茨基说过："你也许对战争不感兴趣，但是战争却对你深感兴趣！"第一、二次世界大战中的死亡人数统计，如表10-1和表10-2所示。

---

① 马岭.生存权的广义与狭义［J］.金陵法律评论，2007（02）：72-85.

表 10-1　第一次世界大战部分国家死亡人数

战争历时	4 年零 3 个多月（1914 年 7 月 28 日—1918 年 11 月 11 日）
参战国家	31 个（协约国 27 个，同盟国 4 个）
战争范围	14 个国家的 400 万平方千米以上土地
卷入人口	超过 15 亿
参战人员	7 000 多万
伤亡人员	3 000 多万
经济损失	3 400 多亿美元

表 10-2　第二次世界大战部分国家死亡人数

国家	总死亡人数	占战前人口比例	军队死亡人数	平民死亡人数
日本	2 000 000	2.7%	—	—
南斯拉夫	1 706 000	10.9%	—	—
法国	810 000	1.9%	34 万	47 万
希腊	520 000	7.2%	—	—
美国	500 000	0.4%	50 万	—
奥地利	480 000	7.2%	—	—
罗马尼亚	460 000	3.4%	—	—
匈牙利	420 000	3.0%	—	—
意大利	410 000	0.9%	33 万	8 万
捷克斯洛伐克	400 000	2.7%	—	—
英国	388 000	0.8%	32.6 万	6.2 万
荷兰	210 000	2.4%	19.8 万	1.2 万
比利时	88 000	1.1%	7.6 万	1.2 万
芬兰	84 000	2.2%	—	—
澳大利亚	39 000	0.3%	—	—
加拿大	34 000	0.3%	—	—
阿尔巴尼亚	28 000	2.5%	—	—
苏联	20 600 000	10.4%	1 360 万	700 万
中国	10 000 000	2.0%	—	—
德国	6 850 000	9.5%	325 万	360 万
波兰	6 123 000	17.2%	12.3 万	600 万

这些数字与事实都让我们深刻内省，对于生命和生存，这意味着什么？

我们无法容忍对生命的漠视，憎恶人性的泯灭！珍视和敬畏生命，警惕法西斯复活！

三、饥饿、自然灾害和瘟疫对人类生存的影响

（一）饥饿对人类生存的影响

饥饿对人类生存的影响是全面而深刻的，可以从生理、心理和社会经济等多个层面来分析。

（1）生理影响：长期的饥饿会导致营养不良，影响人的身体健康和发育。营养素缺乏会导致免疫力下降，使人更容易感染疾病。严重饥饿甚至会导致器官功能衰竭和死亡。

（2）心理影响：饥饿会影响人的认知功能，如记忆力、注意力和学习能力等。长期饥饿还可能导致情绪问题，如焦虑、抑郁和情绪波动等。

（3）社会经济影响：饥饿会阻碍社会经济的发展和进步。饥饿的人群无法充分发挥其生产潜力，从而影响劳动力的质量和数量。同时，饥饿也会导致社会不稳定，增加犯罪和冲突的风险。

（4）教育影响：儿童饥饿会影响其生长发育和教育成就。饥饿的儿童可能无法集中注意力学习，从而影响其学习成绩和未来的发展机会。

（5）人口结构影响：饥饿会影响人口结构，特别是儿童和老年人的比例。儿童饥饿可能导致出生率下降，老年人因健康状况恶化而导致死亡率上升。

（6）国际关系和人道主义影响：大规模的饥饿事件可能导致国际援助和人道主义干预，但这也可能引发国际关系紧张和资源分配问题。

总之，饥饿对人类生存和发展有着极其严重的影响，它不仅影响个体的健康和福祉，还影响社会经济的稳定和发展。因此，保障食物安全和消除饥饿是国际社会的重要任务。

（二）自然灾害对人类生存的影响

自然灾害对人类生存的影响是多方面的，通常具有突发性、破坏性和长期性。下面是自然灾害对人类生存的一些主要影响：

（1）人员伤亡：自然灾害，如地震、洪水、台风、海啸等可以在短时间内造成大量人员伤亡，给家庭和社会带来巨大的损失悲痛。

（2）财产损失：自然灾害会导致房屋、基础设施、农作物和其他财产的损失，影响个人的生活质量和社会的经济发展。

（3）环境破坏：自然灾害如森林火灾、火山爆发和泥石流等会破坏自然环境，导致生态系统失衡，影响野生动植物的生存。

（4）社会秩序干扰：自然灾害可能会破坏社会秩序，导致交通中断、能源供应中断、医疗服务不足等问题，影响社会的正常运作。

（5）经济影响：自然灾害会对当地甚至国家的经济产生影响，导致生产减少、失业率上升和经济增长率下降。

（6）心理健康影响：自然灾害的幸存者可能会遭受心理创伤，如创伤后应激障碍（PTSD）、焦虑和抑郁等心理健康问题。

（7）人口流动：自然灾害常常导致大规模人口流动，产生难民和流离失所者，给接收国和社会带来压力。

（8）健康危机：自然灾害可能会导致水源污染、传染病爆发和医疗服务短缺等健康危机。

自然灾害大致可分为四类，如表 10-3 所示。

表 10-3　自然灾害分类

气象灾害	由大气圈变异活动引起的对人类生命财产、国民经济及国防建设等造成的直接或间接损害	不仅包括台风、暴雨、冰雹、大风、雷暴、暴风雪等天气灾害，还包括干旱、洪涝、持续高温、雪灾等气候灾害，沙漠化、山体滑坡、泥石流、雪崩、病虫害、海啸等气象次生灾害或衍生灾害也时有发生。此外，与气象条件密切相关的环境污染、海洋赤潮、重大传染性疾病、有毒有害气体泄漏扩散、地震、火灾等也成为影响人们生活和安全的重要问题
地质灾害	由岩石圈活动所引起的灾害。具体来说，在地壳某个薄弱的地方突然发生剧烈变形、位移及地表物质运动，给生活在这一区域的人们带来突如其来的灾难，称为地质灾害	地质灾害种类很多，主要有地震、火山喷发、海啸、滑坡、泥石流、地裂以及水土流失、沙漠化、盐碱化、海水入侵、地下水变异、煤层自燃、瓦斯爆炸、有害地气、黄土湿陷、泥沙淤积等，它可以在瞬间吞没数十万人的生命，将整座城市毁灭
生物灾害	在生物圈内，由于各种生物活动（包括动物、植物和微生物活动）对人类生命和生存环境引发的重大伤亡和破坏称为生物灾害	包括动物灾害、植物灾害和微生物灾害

续表

天文灾害	空间天体或其状态，如太阳表面、太阳风、磁层、电离层和热层瞬时或短时间内发生异常变化	如强的日冕物质抛射、大耀斑、高速太阳风、磁暴、亚暴、电离层突然骚扰等，可引起卫星运行、通信、导航以及电站输送网络的崩溃，危及人类的生命健康，造成社会经济损失

（三）瘟疫与疾病对人类生存的影响

瘟疫和疾病对人类生存有着深远的影响，这些影响包括但不限于以下几个方面：

（1）人口减少：瘟疫和大规模疾病爆发可以迅速导致人口减少。例如，中世纪的黑死病造成了欧洲约 1/3 人口的死亡。人口减少不仅影响劳动力供应，还可能导致社会结构和经济活动的变化。

（2）社会经济影响：疾病爆发可能会对经济产生负面影响，包括减少生产力、中断供应链和减少消费支出等。此外，用于控制和治疗疾病的费用也会增加政府的财政负担。

（3）社会结构和文化变革：瘟疫和疾病的影响可能会导致社会结构和文化发生变化。例如，家庭成员的死亡可能会改变家庭结构，而疾病的社会反应可能会影响社会价值观和文化习俗。

（4）政策和公共卫生体系：疾病爆发往往促使政府建立或加强公共卫生体系，包括疫苗接种、卫生监督和疾病控制措施。这些政策和体系的建立有助于预防未来疾病的爆发。

（5）健康观念和行为：瘟疫和疾病可能会改变人们对健康的认识和行为。例如，个人可能会更加注重个人卫生和公共健康，而医疗机构可能会研究和开发新的治疗方法和药物。

（6）长期健康影响：某些疾病可能会对幸存者产生长期的健康影响，包括慢性疾病和残疾。长此以往，甚至可能会影响个人的生活质量和社会的长期福祉。

（7）国际关系和全球合作：全球性的疾病爆发，如流感大流行，会要求国际社会合作，共享信息和资源，以控制疾病的传播和减轻其影响。

总之，瘟疫和疾病对人类生存构成了重大威胁，它们不仅影响个体的健康和福祉，还影响社会经济的稳定和发展。因此，预防和控制疾病、加强公共卫生体系和提高对疾病的应对能力是保障人类生存和福祉的关键。

四、生存权利的哲思

对于中职生来说，生存权利的哲思主要涉及以下几个方面：

（1）尊重生命：每个人都应该尊重生命，珍惜生命，不仅仅是为了自己，也是为了家人、社会和国家。中职生应该认识到，自己的生命是他人的希望，要对自己的行为负责，不轻易放弃生命。

（2）自我价值：中职生应该认识到每个人都有自己的价值，无论他们的职业如何，工作环境如何。他们应该珍惜自己的才能和努力，不断提升自己的价值。

（3）公平正义：生存权利的哲思也涉及公平正义。每个人都应该有平等的生存权利，无论他们的背景如何。中职生应该反对任何形式的歧视和不公正，争取公平的机会和待遇。

（4）社会责任：中职生应该认识到，他们的行为不仅影响自己，也影响社会。他们应该积极承担社会责任，为社会的发展和进步做出贡献。

（5）终身学习：生存权利的哲思也强调终身学习。中职生应该认识到，只有不断学习和提升自己，才能在竞争激烈的社会中立足。

总的来说，生存权利的哲思是关于人的价值和尊严的思考，是关于人如何在这个世界上生存和发展的思考。对于中职生来说，这意味着他们应该尊重生命，珍惜自己的价值，追求公平正义，承担社会责任，并终身学习，不断提升自己。

【聚焦归纳框】

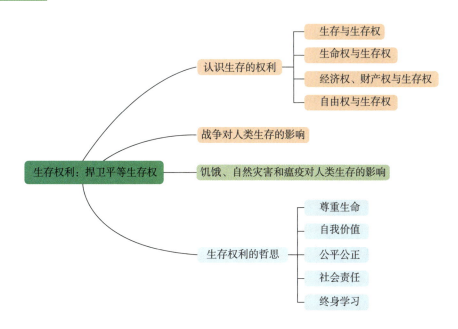

【成长训练营】

烈火中的最美逆行者

在和平年代，有这样一群人：他们心里时刻装着祖国和人民；他们总是奔赴前线，哪里有需要，哪里就有他们的身影；他们总是无所畏惧，冲锋在前，守护一方安宁。他们是消防员，是我心中的英雄。

火海中逆行，他们是奋勇向前的勇士。2019年3月，四川省凉山州木里县境内发生森林火灾。险情就是命令，消防员受领任务后迅速行动，徒步到平均海拔4 000米的森林里灭火。火势十分凶猛，消防员在滚滚浓烟中一路摸索前行。他们也有家庭，但当危险来临时，他们毫不犹豫地选择了责任和担当。

危难时刻，他们是舍己为人的英雄。电视上、报纸中有很多关于消防员的报道，他们救民于水火，助民于危难，以真心换真情。令我印象深刻的是感动中国2017年度人物杨科璋，他生前是广西玉林市消防支队名山中队政治指导员。在一次灭火救援行动中，杨科璋不幸踩空坠楼，队友发现他时，被营救的小女孩被他紧紧环抱安然无恙，可他再也没有醒来。他用身体充当小女孩的"保护垫"，生命也永远定格在了27岁。

还有许许多多默默付出的消防员，他们不求回报，平凡而又伟大。"警铃就是命令，时间就是生命。"对于他们来说，警铃是他们战斗的号角，每分每秒他们都在与生命赛跑。消防员把群众的安危时刻放在心上，用行动践行初心，用生命书写担当，传递着爱与力量。

没有从天而降的英雄，只有挺身而出的凡人。肩负的使命、永恒的信念让消防员不惧危险。向这群最美逆行者致敬。今后我会认真做好本职工作，像消防员一样，在平凡的岗位上发光发热，为祖国的繁荣富强贡献力量。

读了烈火中的最美逆行者的故事，结合本节课所学的内容，你有什么感想？

_____

_____

_____

_____

先行到老：走向生命的圆满

专题十一

> 老吾老，以及人之老；幼吾幼，以及人之幼。——孟子

【专题导航栏】

在人类生命的四季轮回中，步入生命冬季的象征便是生命的老化。那么，在这个阶段，我们将会面临哪些人生挑战？要如何应对这些挑战？这些挑战又会对晚年的生活产生何种影响？在应对生命老化这一课题上，我们肩负着怎样的责任与义务？本专题将通过短剧体验的形式，提前领略"老化"的滋味，以此认识生命老化作为生命历程中的必经阶段。从生理、心理、社会适应以及心灵发展等多方面，深入探讨人的生命老化过程。理解并倡导"优生优逝"的理念，助力老年人实现生命末期的成长，也是我们的应尽之责。

【活动体验营】

老人主题短剧编演

根据访谈提纲，在访谈 2～3 位年龄在 65 岁以上、性别不限的老年人后，通过角色扮演的方式将所访谈的情景进行再现（表演时间不超过 5 分钟）。请充分发挥创意和表演才华，力求通过深入观察老年人的生理、心理特点以及社会适应能力，从而更好地展示他们内心世界的真实感受。

讨论分享：

1. 你身边的老人是如何生活的？

2. 老人生命中最美好的时光是什么时候？为什么？

3. 老人生命中最得意的事是什么？为什么？

4. 观赏短剧后，你有怎样的收获和体悟呢？

【生命智慧窗】

古希腊有一个名为斯芬克斯的狮身人面怪兽，他时常向往来的人们说出一个谜语："有哪一种动物可以发出声音，早晨用四条腿走路；中午用两条腿走路；傍晚用三条腿走路？"那些猜不到答案的人就会被斯芬克斯吃掉。而这个谜语的答案就是"人"。作为人类的我们，幼小时在地上爬，恰似有四条腿；从 1 ~ 2 岁起直立行走直到青壮年，这时就有两条腿；人到老年，到了一定年龄，就需要拐杖的帮助，就变成三条腿了。

当人进入老年时期时，"肉体"的生命随着年龄的增长，走进了人生的冬季。老年期，不仅意味着生理机能的逐渐衰退，如肌肉萎缩、记忆力下降等，还伴随着心理、社会角色和价值观的深刻变化。也许今天还很年轻的我们，还无法完全体会衰老的状态，但对身处老年阶段的人需要有一种尊重和关怀的态度。

一、人为什么会变老

（一）老化的概念

人类的历史岁月证明，老化是不可逆转的过程。自古以来，无数帝王曾渴望永生，秦始皇曾派遣徐福带领三千童男童女东渡寻求长生不老药，明朝嘉靖皇帝也曾炼丹修仙以期延年益寿。然而，这些努力最终都未能逃脱生命的终结，化作一抔黄土。随着近现代科学的发展，人类逐渐认识到老化的本质。

老化（Aging）是指个体在成熟期后的生命过程中表现出来的一系列形态学以及生理、心理功能方面的退行性变化。衰老（Senility），则是指老化过程的最后阶段或成果，如心智钝化、记忆力减退、体能下降等，是所有生物种类在生命延续过程中的一种生命现象。老化具有以下特性：

（1）累积性。老化并不是一朝一夕形成的，而是在日复一日、年复一年的岁月中，机体在结构和功能上的一些微小变化长期逐步积累的结果。这些变化一旦表现出来，则不可逆转。

（2）渐进性。老化是一个循序渐进的演变过程，是逐步加重而并非跳跃式发展的。往往是在不知不觉中出现了老化的征象，而且同一物种所表现出来的老化征象相同。

（3）普遍性。老化是多细胞生物普遍存在的现象，且同种生物的老化进程大致相同。

（4）内生性。老化源于生物本身固有的特性（如遗传）。环境因素还能影响老化的进度，或加速老化，或延缓老化，但不能阻止老化。

（5）危害性。老化过程是机体衰老的过程，会导致机体功能下降乃至丧失，因而往往对生存不利，使机体免疫力下降，容易感染疾病，最终导致死亡。

（二）老化的机理

随着科学技术的突飞猛进，新兴学科不断涌现，推动了现代衰老机理的研究，使得这一学科有了很大的进展。当前国际上已提出了若干新的学说，人类对衰老的认识也有了进一步的提高。

从生物学的角度讲，老化的理论很多，概括地讲，大多数理论可以归为两类：基因程控理论和变速理论，如表 11-1 所示。

表 11-1　老化的生物学理论概要[①]

基因程控理论	变速理论
程控衰老理论：老化是特定基因有序开关的结果。衰老期是和年龄有关的缺损变得显著的时期。 内分泌理论：生物钟通过激素控制老化的进程	磨损理论：细胞和组织的关键部分发生耗损。 自由基理论：氧自由基累积损伤造成细胞和器官失去功能
免疫理论：机体免疫功能下降导致个体对疾病的免疫力降低，因此导致衰老和死亡。 进化理论：老化是进化的一个属性。这个属性使一个物种的成员仅仅能活到繁殖后代就足够长了	活动速率理论：器官新陈代谢的速度越快，寿命越短。 自我免疫理论：免疫系统变得混乱并破坏自身的身体细胞

另外，科学家还提出了"大脑衰退学说""生物膜损伤学说""差误学说"等，这些学说都可以从某些方面解释衰老现象，为彻底揭示衰老之谜做出了巨大贡献。从上表中可以看出，对衰老机理的研究，都有一定的道理和依据，对认识衰老的本质具有一定的意义。

（三）老化的分类

老化可分为生理性老化和病理性老化。生理性老化是指人符合自然规律，在增龄过程中不受疾病干扰的一种正常老化，直到最后死去。病理性老化即在生理性老化的基础

[①]　戴安娜 . 帕帕拉，萨莉·奥尔茨，露丝·费尔德曼 . 发展心理学（下册）［M］.10 版 . 李西营，译 . 北京：人民邮电出版社，2013.

上，因某些生物、心理、社会及环境等因素所致的异常老化。一般通常很难将两者严格区分，往往结合在一起，从而促进了衰老和死亡的进程。

二、老年人与老龄化社会

（一）老年人的相关概念与界定

联合国在进行人口统计时，常把发达国家65岁以上的人称为老年人，把发展中国家60岁以上的人称作老年人。中国属于发展中国家，国家统计局在发表老年人口统计数字时，为兼顾国内和国外统计数字匹配的需要，常以60岁和65岁两种标准同时公布。

1. 我国老年期及健康老人的划分标准

自古以来，在民间有这样的说法，即三十而立，四十不惑，五十知天命，六十花甲，七十古稀，八十为耄，九十为耋。1982年中华医学会老年医学分会建议，把生理年龄60岁作为我国划分老年的标准，现阶段我国老年人按时序年龄的划分标准为：40～59岁定为老年前期，即中年人；60～69岁定为低龄老人；70～79岁定为中龄老人；80岁以上定为高龄老人；100岁定为百岁老人。

2. 世界卫生组织关于老年人的划分标准

2017年世界卫生组织根据现代人生命状况，经过对全球人体素质和平均寿命进行测定，提出了人生阶段年龄的新划分标准。44岁以前为青年（The Youth）；45～59岁为中年（Mid-Aged）；60～74岁为年轻老年人（The Young Old）；75～89岁为老年人（The Old Old）；90岁以上为长寿老人（The Very Old）或（The Lon Gevous）这一标准同时考虑到发达国家和发展中国家，同时考虑到人类平均预期寿命不断增长的趋势以及人类健康水平不断提高的必然结果。这五个年龄组的新划分标准将老年期推迟了10年，这将对人们的心理健康和抗衰老产生积极影响。世界卫生组织（WHO）标准将逐步取代现阶段中西老年人划分的一般标准。

（二）人口老龄化概念与特点

1. 人口老龄化

人口老龄化是一个世界性的话题，人们常将老年人口系数作为评价一个国家（或地区）人口老龄化的重要标准。即在某个国家或地区的总人口构成中，老年人口数所占总人口数的比例。世界卫生组织（WHO）制定的标准规定：

发达国家65岁以上的老人占总人口比例在4%以下，发展中国家60岁以上的老人占总人口比例在8%以下的国家为青年型国家；发达国家65岁以上的老人占总人口比例在 4% ～ 7%，发展中国家 60 岁以上的老人占总人口比例在 8% ～ 10% 为成年型国家；发达国家 65 岁以上的老人占总人口比例在 7% 以上，被称为"老龄化社会"，而超过了 14% 就被称为"老龄社会"。发展中国家 60 岁以上的老人占总人口比例在 10% 以上为老年型国家。

2.老龄化社会

我国早在 2000 年就已经进入了老龄化社会。一是从人口比例上看，2021 年，我国 60 岁及以上人口为 2.67 亿人，占全国总人口的 18.9%，其中 65 岁及以上人口为 2 亿人，占全国总人口的 14.2%。截至 2022 年年末，全国 60 周岁及以上老年人口 2.8 亿人，占总人口的 19.8%；全国 65 周岁及以上老年人口 2.09 亿人，占总人口的 14.9%。据世界卫生组织预测，到 2050 年，中国将有 35% 的人口超过 60 岁，成为世界上老龄化最严重的国家。二是从老龄化速度上看，世界上老龄化水平最高的瑞典用了 85 年，法国用了 115 年，而中国仅需要 27 年。我们只用了 1/4 个世纪的时间实现了西方大多数国家历经 100 年才完成的人口转变，其直接后果之一就是人口老龄化汹涌而至，全社会面临一股"银发浪潮"的到来，主要呈现以下特点：

（1）人口老龄化速度快。

在不到 20 年的时间里，我国人口年龄结构完成了从成年型向老年型的转变，而同样的转变，发达国家通常需要几十年甚至上百年的时间。可以形象地说，我国是"跑步"进入老龄化社会的，并将继续在老龄化社会里"跑步前进"。

（2）老年人口增量巨大。

由于我国人口基数大，以往生育高峰时期出生的大量人口不断进入老年队列。从长寿趋势看，中国平均预期寿命约为 78 岁，未来还有较大提升空间。我国人口预期寿命不断延长导致老年人口迅速增加，对国家和社会带来多方面的挑战。

（3）地区老龄化不平衡。

目前，全国已有 150 个地市进入深度老龄化社会，而老龄化率超过 20% 的比比皆是，主要集中在东北、川渝、长三角以及中部地区。与长三角等地相比，同为发达地区的广东，老龄化率在全国垫底，与新疆、西藏等边疆非发达地区处于同一水平。

（4）未富先老。

发达国家的老龄化是在其经济发达的背景下发生的，由于经济发达，社会文明程度高，所以发达国家应对老龄化问题相对容易。而我国是在生产力水平较低、地区发展不平衡、贫富差距较大的背景下进入老龄化社会的，2000 年中国人均 GDP 刚刚超过 900 美元。发达国家的老龄化属于"先富后老"，而我国属于"未富先老"。在人均经济水平较低、收入差距不断加大、社会保障明显不足的情况下进入老龄化社会，无疑对中国社会经济发展提出了更大的挑战，使我国应对老龄化问题的任务更加艰巨与紧迫。[①]

三、老年人生命老化的变化

随着年龄的逐渐增长，身体发生衰退性的变化，从而给老年人带来身体上的不适和生活上的不便。虽然身体变化有时可能是某些疾病所导致，但是老化的确是影响生理变化与退化很重要的一个因素。所以说，老化是一种过程而非疾病。

（一）老年人生理方面发生的一系列变化

1. 体态与外貌的改变

老年期生理变化的指个体 60 岁以后生理上发生的退行性变化，典型表现是生理结构老化，机能衰退，如皮肤弹性丧失，出现皱纹、老年斑、白发、秃发、老视眼和白内障等。随着年龄的增加，骨骼中无机盐含量增加，钙含量减少；骨骼的弹性和韧性减低，脆性增加。故老年人易出现骨质疏松症，极易发生骨折。

2. 消化功能减退

如出现牙齿脱落，影响对食物的咀嚼和消化。胃黏膜变薄、消化道运动能力降低，导致消化不良及便秘等。

3. 神经功能减退

如神经细胞数量逐渐减少，脑重减轻。脑血管硬化，致使脑功能衰退，出现记忆力减退、健忘、失眠，甚至产生情绪变化及某些精神症状。

4. 心血管功能改变

如心肌萎缩、心肌硬化及心内膜硬化，冠状动脉病理性硬化，出现心绞痛等心肌供血不足症状。血管壁弹性下降、脆性增加，易发生高血压、脑出血、脑血栓等疾病。

5. 呼吸功能降低

如老年人由于呼吸肌及胸廓骨骼、韧带萎缩，肺泡弹性下降，气管及支气管弹性下降，常易发生肺泡经常性扩大而出现肺气肿，引起呼吸功能不全，甚至衰竭。

6. 其他方面改变

如泌尿系统的变化，肾脏萎缩导致肾功能减退。加上膀胱逼尿肌萎缩，括约肌松弛，老年人常有多尿现象；生殖系统的变化，老年男性前列腺多有增生性改变，前列腺

---

① 姜向群，杜鹏.中国人口老龄化和老龄事业发展报告［M］.北京：中国人民大学出版社，2015.

肥大常造成排尿困难等。代谢上往往分解代谢大于合成代谢，若不注意营养及合理安排膳食，易发生代谢负平衡。

从上述内容可以看到，老化的确是影响生理变化与退化很重要的一个因素，请看视频《人体的故事——衰老篇》[①]，体悟老化是一种过程而非疾病。

（二）老年人心理方面发生的一系列变化

1. 感知觉变化

视力敏感度下降，对明暗光线的变化也不太适应，听力下降，容易产生耳鸣、幻听等。

2. 智力功能的变化

老年化过程中智力减退并不是全面性的，他们在实际生活中解决各种复杂问题的效果仍处于很高的水平，甚至在不少方面超过中青年人。霍恩和卡特尔研究发现，人的智力可分为两大类，即流体智力和晶体智力。流体智力与人的神经系统的生理结构和功能有关，会随年龄的增长而减退；晶体智力与后天的知识、文化及经验的积累有关。健康成年人的晶体智力并不随年龄的增长而下降，有时甚至还有所提高。因此，坚持用脑，有利于在老年期保持较好的智力水平和社会功能，而且活动锻炼对智力也有明显的促进作用。

3. 记忆力

随着年纪的增长，老年人的感觉器官逐渐衰退，记忆细胞萎缩，记忆功能减退。其表现为会遗忘生活琐事，如记不得刚才把眼镜和钥匙放在什么地方了，记不得把重要的文件和钱款放在什么地方了，甚至有时候连亲友的名字也记不起来了，还会忘记自己家门牌号等。概括而言，老年人近期记忆减退明显，表现为能回忆过去的事情，但对眼前的事情反而记忆较差，严重时会发展为阿尔兹海默症。

4. 感情与情绪

人到老年，情绪往往不稳定，感情上变得比较脆弱，遇到困难和挫折时，不易镇定，常会产生莫名其妙的焦虑和恐惧感。有些老年人情感会变得像小孩一样反复无常、幼稚天真，喜欢小动物，喜欢和小孩子玩等。

5. 性格的变化

老年人有时候会变得以自我为中心，只顾自己，缺少对别人的关怀，谈话比较爱谈自己的事，容易向别人诉苦，有疑病的倾向。有时候性格变得警戒、怀疑，或者固执保

---

① 人体的故事——衰老篇：http://www.tudou.com/programs/view/h4i2Fhqy1D4/.

守。生活变得孤单、寂寞和忧郁。对身体的残缺、功能的衰退不能适应。特别是生病的老年人对死亡的恐惧是不可言状的。

埃里克森提出，人们进入老年期后，要面临的重要问题是"获得完美感而避免失望感"。他认为，老年阶段是汇集从出生到现在的感觉和价值的阶段。经历的岁月，以及死亡的必然，都让老年人的心态产生前所未有的变化。埃里克森还认为，生活中没有什么比一个老年人的失望更悲哀，也没有什么事情比一个充满完善感的老年人更令人满足。老年人有着特殊的生活经历与发展任务，促使老年人以不同于其他年龄阶层者的态度，来面对即将结束的生命历程。对于我们来说，帮助老年人获得适合的能力来解决身心灵的种种问题，圆满如意地完成人生任务至关重要。

那么，走向生命老化的过程，老年人应如何调整自身的社会适应能力呢？

（三）老年人的社会适应特点

老年人的社会适应主要表现在角色、家庭、环境和文化等方面。

1. 社会角色的变更

角色变更是指一个人在社会环境中的关系和地位的变化。每个人一生中所担任的社会角色会不断地发生变化，但是，在老年期变化得比较急剧，而且变化的方向常常是向下的。老年人到了一定的年龄之后，往往由社会的主宰者退居到社会依赖者行列，也由社会财富创造者走到社会财富消费者行列。离退休虽然是一种正常的角色变迁，但不同职业群体的人，心理感受大不一样。

据心理学家调查和研究，老年人离退休要经历四个阶段才能安定下来。第一是期待期，将要步入退休年龄的人无论愿意与否，在看到自己所长期工作的岗位将要被其他年轻人接替时，心情是复杂的，往往会产生一种失落感。第二是退休期，这是一个很短暂的时期，即退休者正式离开工作岗位的那一刻，无论什么人，退休都是他生活当中的重大转折点。第三是适应期，退休后的生活从内容到节奏都发生了很大的变化。从工作岗位退回到家庭圈子，再没有规定的工作任务，闲散的时间多了，紧张而有序的生活一下子松弛下来，让老年人发生身体上和心理上的一时失调，出现所谓的"退休综合症"，一般说来需要一年左右的时间才能逐渐适应。第四是稳定期，这一时期，老年人习惯了退休生活，重新建立起新的生活秩序，顺应了人生角色的转变。

2. 家庭角色的变更

老年人离开工作岗位后，家庭成为主要的活动场所，此时，家庭都有了第三代人，又使老年人增加了新角色，加之老年阶段如果发生丧偶的情况，则又失去一些角色。

一些研究发现，缺乏独立的经济来源或可靠的经济保障的老年人容易产生自卑心理。他们的心情也比较郁闷，处事小心，易于伤感。如果受到子女的歧视或抱怨，性格倔强的老年人，常常会滋生一死了之的念头。所以，老年人家庭角色变更的矛盾，既是社会矛盾，也是社会心理矛盾。

3. 环境和文化的影响

大多数老年人都希望长寿，希望平平安安、幸福美满地度过晚年。然而，这种美好的愿景往往与现实生活中的意外打击和重大刺激形成鲜明的对比，进而产生深刻的矛盾。例如，亲友的离世、婆媳关系的紧张、夫妻间的争吵，以及突如其来的重大疾病等意外刺激，都可能对老年人的心灵造成严重的冲击。研究表明，那些家庭关系好、家庭成员之间联系紧密、朋友关系良好的老年人，更容易获得生活满足感。

（四）老年人的人生价值

随着年龄的增长和身体机能的衰退，老年人的死亡意识愈来愈强，常有日薄西山的危机之感。在现实生活中，一些老年人因生活的困顿、疾病的拖累，以及家庭和社会角色的逐渐丧失，常感生活的压力和无奈。

1. 老年阶段的生活状态

关于老年阶段的生活状态，主要有三种典型模式。可以将老年阶段的生活状态分为三种：一为"苦度"；二为"安度"；三为"欢度"。

"苦度"模式是一种老年人可能会面临健康问题、经济困难或社交隔离等各种生活困境和挑战，生活质量相对较低，会感到无助和沮丧，缺乏生活乐趣和满足感的生活状态。在这种情况下，社会支持、医疗保健和家庭关怀变得尤为重要。通过提供适当的帮助和支持，我们可以积极帮助老年人减轻痛苦，改善生活质量。

"安度"模式是一种老年人能够保持平稳的生活状态，享受基本的安宁和舒适的生活方式。晚年的安度，需要有一定的经济基础，需要维持身心健康，需要家庭子女的关照与孝顺，需要政府加大养老投入，提高社会福利，从而实现"老有所养、老有所医和老有所为"。

"欢度"模式是一种老年人能够充分享受生活的乐趣，积极参与各类活动，实现自我价值，积极、充满活力的老年生活。"欢度"晚年，是我们梦寐以求的理想状态，是无病而终的自然老去，是毕生发展的终极阶段，是"尊严生、尊严死"的人生圆满状态。此阶段的老年人在"安度"晚年的基础上，返璞归真，进一步找到人生的真正价值与意义，回归事物的本身，听其内在的声音，摒弃外部强加的标准，保持内在固有的禀性，做最好的自己，感悟生死沟通的大智慧，便可温柔而有尊严地面对死亡。

总的来说，老年阶段的生活状态因人而异，主要取决于个人的健康状况、经济状况、社交环境等因素。然而，无论选择哪种模式，我们都应该尊重老年人的需求和权益，为他们提供必要的支持和关怀。通过创造一个包容、关爱和尊重老年人的社会环境，我们可以帮助他们度过一个充实、幸福的晚年生活。

2. 毕生发展观中寻求生命的价值

生而为人，我们都会经历一些相同的历程：1岁左右可以行走，儿童时期喜欢一群人玩耍，成年时变得更独立。每个人，如果寿命足够长，都将会经历听力衰退、家人和朋友的相继离世。这就是我们发展的一般过程，这一运动或变化的模式，始于受孕，并贯穿于一生。

在探索发展时，会考察个体从受孕开始直到生命结束的整个一生。将会看到婴儿时期、童年时期以及青少年时期的自己，并且从中了解这些过去的经历如何影响你成为现在的自己。预见青年时期、中年时期以及老年时期的自己，并且促使自己思考现在的经历，并影响以后的发展。

发展贯穿着人类的一生，这是毕生发展观的核心思想。但是，这个观点也具有其他特征。毕生发展专家保罗·巴尔特斯提出，毕生发展的观点认为发展是终身的、多维度的、多方向的、可塑的、多学科的、具有情境性的，它是个体成长、保持和调节的过程。因此，从生物、社会文化和个体方面来共同理解发展是非常重要的。

人到老年是否还能够继续学习？在普遍的社会观念中通常得到否定回答，认为学习是年轻人的事，"人到老年万事休"。心理学则认为，人到老年仍然保持着较好的学习能力，仍然具备学习的可能性，这个思想的集中代表就是20世纪50年代巴尔特斯等人提出的"毕生发展观"。

毕生发展观认为，心理能力的发展贯穿于人生的全过程，从生命降生到生命消失，发展如影相随，无处不在。心理能力的差异不绝对表现为年龄差异，更多的是时序差异：有些心理能力发展得早，衰退得也早；有些发展得晚，衰退得也晚；有些心理能力的发展在中青年时期达到高峰后便止步不前，有些则直至老年。所以，发展不是青年人的专利，老年人也有发展。同样，衰退也不是老年人的专利，青年人也有衰退。发展与衰退都不是阶段性的事件，而是贯穿人的一生。

先行到老，体验生命。每个人都会老去，但我们可以帮助他们在人生的最后阶段，尽量活得健康、安宁、幸福。我们希望全世界的老年人不再有苦度的日子，国家能有更多的惠老政策保障，有更多的人去敬老、助老、爱老，使老年人能安度甚至是欢度其晚年，有机会去"毕生发展"实现人生的完满，"生死两无憾"，安详、而有尊严地迎接死亡。

"夕阳无限好，只是近黄昏"，这是古人对老年生活美好而又留恋的生动比喻。社会发展到今天，无论是发达国家还是发展中国家都面临着不同程度的人口老龄化问题。为了让老年人摆脱孤独，需要形成全社会尊老、敬老、爱老蔚然成风的氛围。认识生命的老化，能让我们体认到，生活在这个世界上的每个人都会变老，关注老年人的今天，就是关注我们的明天！

【聚焦归纳框】

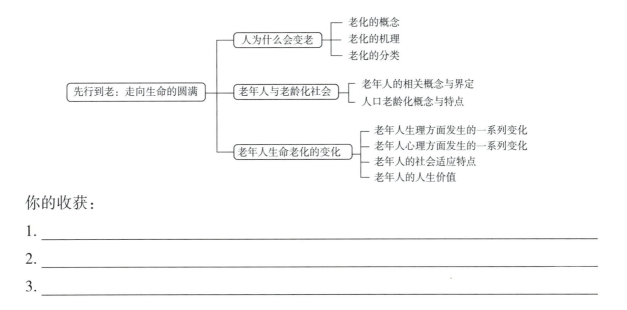

你的收获：

1. _____

2. _____

3. _____

【成长训练营】

1. 请给 80 岁的自己写一封信。

2. 为身边的老人做一件有意义的事，并把真实感受记录下来。

专题十二　以死观生：超越生死的智慧

死亡是一所黑色的学校，教我们认识光明、快乐和生活的美好；教我们认识人生的短暂、脆弱和不堪一击；教我们学会爱、宽容、珍惜和赶紧生活。——杨东平[①]

【专题导航栏】

世间万事万物，生存与发展不可避免地伴随着生命的消逝。然而，人类的死亡不仅仅是一种生理现象，还涉及社会、文化、历史、法律、心理、医学以及伦理等多个层面，这些因素紧密交织，加之医疗技术的应用，使生命的终结变得复杂多变。本专题旨在从死亡权利的角度出发，探讨青少年自杀问题，对其现象进行深入剖析，挖掘背后原因，并探讨其意义。通过思考死亡权利，我们更能体会到生命的珍贵，明白生与死之间的平衡，认识到只有充实地生活，才能在离世时做到无憾。

【活动体验营】

死亡印象画

请用自己喜欢的方式（简笔画、抽象画等）来绘制"死亡的容颜"，并用三个词来表述你对死亡的感觉……

讨论分享：

1.谈谈你完成这幅画作之后的感悟。

2.你是如何看待死亡的？

【生命智慧窗】

你也许会疑惑，为何要探讨"死亡"这个话题？为何生命教育一定要涉及死亡议题？

[①]　杨东平，1949 年 9 月生，北京理工大学教育科学研究所所长、教授、博士研究生导师，他关注中国教育改革、生态环境保护、历史文化保护、传统文化继承和改造、教育公平等问题并参与实际行动。

原因在于——死亡无处不在，它是每个生命的终极归宿。每年全球约有 55 713 600 人离世，相当于每日 152 640 人、每小时 6 360 人、每分钟 106 人、每秒钟 1.8 人离世。根据我国国家统计局数据，2023 年出生人口为 902 万，死亡人口则为 1 110 万，死亡率为 7.87‰。假设每位逝者有 5 名直系亲属，那么每年有 5 550 万人承受亲人离别的痛苦；若以每位逝者约有 10 名亲友计算，则每年又有约 1.11 亿人面临生死之痛。

一、认知死亡

死亡为生命的必然终结，对每个人而言，其具有无可避免之终极性。死亡寓于生命之中，生与死互为依存，共为一体。唯有认知并理解死亡，方能更好地生存。此刻我们直面死亡，摒弃回避与掩饰，实则郑重地提醒自己，切勿再将生活视为理所当然。

（一）死亡的概念

死亡可以理解为"由存活到濒死的变化历程""是迈向死亡的一个过程"。也可视为"直到生命停止运作，才是死亡状态的呈现"。在字典中，"死"与"亡"各自有其独立诠释。所谓"死"，意指生命终结；而"亡"则寓含"离去""消逝"及"空无"等意。因此，在汉语中，"死亡"一词的内涵远不止于"死"，更涵盖"永别"与"归虚无"之深意。

从科学角度审视，死亡是一种生命运动的表现形式，是机体生命活动和新陈代谢的终止，是人的自我意识的消失。死亡是一种向生命终止的"事件"和"状态"的运动过程。在医学领域，此过程被划分为濒死、临床死亡及生物学死亡三个阶段。

（1）濒死期：即"挣扎期"或"濒死挣扎期"，是死亡的开始，此时心肺等脏器已极度衰竭，濒于停止其功能的状态。随着意识和反射逐渐消失，呼吸和脉搏逐渐停止，机体将转入临床死亡。

（2）临床死亡期：即"个体死亡"或"躯体死亡"期，是濒死进一步发展的阶段，是生物学死亡前的一个短暂阶段。此时，病人的心、肺、脑等生命器官功能丧失，并导致全身各器官的功能丧失、反射完全消失；宏观上是人的整体生命活动已停止，但微观上组织内代谢过程仍在进行。

（3）生物学死亡期：又称"真正死亡期"，是死亡过程的最后阶段，是中枢神经系统和重要生命器官的消失过程不可逆发展的结果。此时，机体细胞和组织死亡，代谢完全停止，生命现象彻底消失。外表征象是躯体逐渐变冷，发生尸僵，形成尸斑。

（二）死亡的种类

一般对死亡的判定，通常从"生理死亡"加以认定，包括：无动作及无呼吸、身体僵硬、对刺激无反应、器官停止运作，以及脑电波图呈直线等生理现象。然而，从两维四重生命观的角度，除经历生理的死亡之外，人类往往还会经历"心理的死亡""社会的死亡""精神的死亡"三种死亡过程。

（1）心理的死亡：指当一个人无法认出周围他认识的人时，即为心理死亡。一个人产生心理的死亡，身体变得异常衰老，并且丧失部分脑功能，因而对周遭世界产生意识模糊的现象，此时即为心理的死亡。

（2）社会的死亡：指个人已经不被其他人知觉他的存在，是一连串家庭、人际、社会关系等角色的丧失。正如米兰·昆德拉所言："死亡最可怕的地方不在于让你丢失未来，而在于让你没了过去。实际上，遗忘是死亡的一种形式，贯穿于整个人生。"

（3）精神的死亡：指还有一种被称为"活死人"的人，是形容其思想观念无法与时俱进及意识无法做出清醒的判断，只是身体仍照常活动而已的一种人。[①]

一般生理死亡在先，社会与精神死亡会滞后，维持时间长短不一。有的人虽死犹生，活在人们心中。正如司马迁所言："人固有一死，或重于泰山，或轻于鸿毛。"

二、死亡的权利

对于作为生物体的人类来说，死亡是一种自然宿命。但是，当死亡成为一个选项的时候，生还是死，就变成了复杂的哲学、道德乃至法律上的难题。生死由谁决定？对于个体而言，是否像具有生存权利一样也具有死亡权利？

死亡权利的提出主要源于科学技术的发展，人类寿命的不断延长。医疗技术水平的大幅度提高，挽救了众多人的生命。"在现代，平静地死在家中已经不太可能，家人、医生总是会想尽办法来挽救病人的生命，如果不这样，就会受到谴责，甚至是法律的制裁。"然而现代社会，生命的价值与意义越来越受到人们的关注，与其没有意义地活着，不如有尊严的死去成为越来越多人的追求。英国学者汤因比就曾从晚期病患个人的角度出发，认为人有权通过结束自己的生命来摆脱困境，呼吁社会应该赋予人们这种权利并加以保护。

---

① 林绮云，张菀珍.临终与生死关怀［M］.台北：华都文化事业有限公司，2010.

（一）死亡权利的争论

1. 死亡权利

要明确人究竟有没有死亡权利，首先必须弄清楚什么是死亡权利。死亡权利也是权利的一种，而关于权利，古今中外众多的学者都莫衷一是，没有一个最终的定义。古典法学者将正义与法学相结合，认为法律所支持的正义就构成了权利。近代法学家将权利的本质归为自由，认为权利就是在法律规定的范围内人们自由的行为。现代法学家将平等视为权利的核心，认为人人都平等地享有权利。而目前，在国内最具影响力和代表性的权利学说则有资格说、主张说、自由说、利益说等八种学说。但无论哪种学说，我们都可以看出权利一方面表现为主体对利益的追求，另一方面必须为法律所承认、认同，即正当性。正如北岳教授所说："尽管处于不同的研究角度、不同的论证需要，我们可以将权利的构成要素做多样化的分解，包括道德权利、习惯权利、法律权利等。可见权利的基本构成要素只有两个：一是利益，另一是正当、应得。"死亡权利也是权利的一种，我们可以从这两个方面来进行讨论。

2. 死亡权利的争论

死亡权利一直是一个争论不休的议题，至今没有统一的答案。有人认为死亡权利是人之为人的基本权利，应受到法律的保护。一方面，他们认为生命权是一个人神圣不可侵犯的权利，而生命是包含从出生到死亡的全过程的，那么死亡权利也自然而然地包含在生命权当中。死亡是个人对自我生命的一种选择，属于个人自由。法国法学家霍菲尔德认为："一个人的权利至少包括请求权、自由权、权力和豁免权，而死亡权利在性质上是属于自由权的。"

而反对者却认为人的生命是神圣不可侵犯的，不允许任何人剥夺，正如康德所说："人并不因为痛苦而获得处置自己生命的权利"。如果同意人民有选择死亡的权利，则违反了社会上保护生命之公共利益及法律上的基本利益，因此，死亡权利不能认为是人的基本人权。

（二）死亡权利的构成

1. 作为个人正当利益的追求

利益是隐藏在权利背后的动因，人们追逐、渴望获得权利是为了满足自己某些方面的利益。但利益又分正当与不正当，只有正当的利益才会被认可为权利。因而，死亡权利的获得必须以人们追求正当利益为前提。正如对那些濒临死亡，受尽折磨的病人来说，摆脱痛苦、维护尊严、实现自我安乐就成了他们追求的一种正当利益。反之，如果人们的死亡是为了不正当的利益，如骗取高额保险金、陷害等，那么不管是否还具备其他的条件都不能获得死亡的权利。

2.有人们所认可的正当理由

死亡权利是一种特殊且重要的权利，因其涉及生命的唯一性和不可重复性，使得人们在行使这项权利时必须极为审慎。在任何情况下，都不能轻易剥夺或放弃生命，尤其是在面对个人的正当利益时，因为生命的至高无上性使得其他任何利益都无法与之相提并论。因此，任何寻求行使死亡权利的个人，必须提供充分的理由和证据，以证明其决定是出于合理且正当的考虑，并且得到了社会的广泛认可。

3.履行相应的义务

权利与义务总是联系在一起的，"任何声称绝对权利的说法都经不起仔细地推敲。就法律而言，即便是最珍贵的权利也是附加一些限制的。"因而，要想获得死亡权利，也必须履行相应的义务。

由此可见，死亡权利是一种特殊权利，当满足了这些条件时，人们才能真正享有死亡权利。

有这样一篇死亡日记："死亡，这个对我一点也不陌生的字眼，曾有那么一阵子离我如此之近，只差一步之遥。也许就是那一点点对生命的怜悯，让我现在还可以看到这个世界，并依旧坚强地活着。所以倍感珍惜幸运，却不对命运有半点妥协。死亡，是一个人自己的事情。一个人不能决定自己如何出生，但可以掌握自己怎样终结。"

讨论分享：

1.你是如何看待自杀问题的？

2.你如何理解"死亡，是一个人自己的事情。一个人不能决定自己如何出生，但可以掌握自己怎样终结"这一说法？

如前所述，死亡权利不同于一般的权利，生命的一次性使得人们不能轻易地去享有这种权利，即使是为了个人正当的利益。因为在最高的生命利益面前，任何利益都不能与之匹敌。下面让我们来进一步探讨青少年的自杀问题。

三、青少年自杀问题

（一）自杀现象

自杀是指一个人采取主动的方式结束自我的生命。自杀是心理失范引起，失范是指一个人由于大多数重要的需求无法满足，而引起的难以忍受的精神痛苦。一般而言，死亡是人类面临的最大的恐惧和痛苦。而主动选择死亡者，是需要相当大的决心与毅力的。这种决心和毅力足以对抗死亡的恐惧与痛苦，从而寻求一种精神和肉体上的解脱。其中的复杂原因和心理、精神的变化是很难被活着的人所觉察与体会的。

《中国儿童自杀报告》显示，我国每年约有 10 万名青少年死于自杀，平均每分钟就有 2 个青少年死于自杀，8 个自杀未遂，虽然数据有待考证，但从侧面反映出青少年自杀并不是个例。世界卫生组织数据显示，自杀成为 15 ~ 29 岁青少年死亡原因中居于第二位的原因。特别值得提出的是，中国每年还有相当数量的未成年儿童要经历母亲或父亲死于自杀所带来的无尽伤痛，从而形成青少年的生死问题，他（她）们极易成为所谓的"问题小孩"。可见，青少年的自杀问题（或生死问题）已经严重到非重视不可的地步，而预防青少年自杀，降低青少年的自杀率更是社会、学校和家庭共同的责任。

研究表明，我国青少年自杀未遂报告率为 2.7%，7.3% 的青少年曾拟订自杀计划，17.7% 的青少年曾产生自杀意念。[①]南京市一项针对少年儿童生命意识的问卷调查表明，近两成的南京小学生无法正确理解死亡的含义。《中国教育发展报告（2014）》分析：2013 年媒体上关于中小学生自杀的报道共计 79 例，其中自杀率从小学六年级出现攀升迹象，最高的为初中。

上海市的相关研究机构也曾联合对 9 所中小学校学生进行匿名自评问卷调查，结论是上海市中小学生自杀行为状况不容乐观，必须引起高度重视。[②]因为少年儿童对生死的概念模糊，行为可能会产生种种偏差。儿童对死亡的观念模糊，不知死为何物，也不知死会酿成何种结果与悲剧，只知死是一种解脱。而在他们的生活中，难关苦楚对他们产生很大的打击，所以才会选择自杀来了断自己的生命。

（二）自杀现象的问题分析

1. 自杀不仅是心理问题还涉及生死问题

在生命教育的研究与教学过程中，对青少年自杀问题的认知与预防已受到广泛关注，并被置于至关重要的地位。然而，为了切实有效地遏制自杀现象的频发，我们必须深入探究其背后的根本原因。

有关调查显示，在国内，许多自杀者并没有精神疾病，其自杀是在遇到强烈人际关系冲突之后迅速出现的冲动行为。70% 左右的自杀死亡或自杀未遂者从来没有因为其问

---

① 董永海，刘芸，刘磊，等. 中国中学生自杀相关行为报告率的 Meta 分析［J］. 中国学校卫生，2014，35（04）：532-536.

② 李新玲. 中小学生自杀数据不该成为研究禁区［N］. 中国青年报，2014-06-02.

题寻求过任何形式的帮助；60% 的自杀死亡者和 40% 的自杀未遂者在自杀当时有严重的精神疾病；全国的综合性医院每年有 200 万急诊自杀未遂病人，但在其急诊治疗期间接受过精神评估或治疗的不到 1%。调查显示，在中国 659 个自杀未遂者中，仅 38% 的人有精神障碍。许多自杀未遂者表现为冲动性自杀行为：37% 的自杀未遂者自杀前考虑自杀的时间未超过 5 分钟，60% 考虑自杀的时间不超过 2 小时。60% 自杀者前两天有一个急性诱发事件，一般是人际关系矛盾。研究表明，每 1 个人自杀会对其周围 5 个人产生巨大的心理影响和伤害，这种伤害涉及情感、社会和经济诸多方面。据世界卫生组织估算，每年与自杀有关的经济损失高达数十亿美元。

可见，这些自杀者，不完全是心理问题，而是生命存在状态出了问题。所以，应该超越关于自杀问题解释的心理学医学模式，走向关于自杀问题解释的生死哲学模式；我们不但要有解决自杀问题的心理辅导精神医学的治疗方式，更要有解决自杀问题的生命教育的预防方式。

2. 生死哲学对自杀的解释模式

从生命层面分析自杀的深层原因是：生命神圣性的去魅。虽然在人类历史上，自杀的现象一直不断，但在一般的情况下，人们要采取自杀的行为时所考虑的因素是比较多的，其中生命神圣性是重要的因素。这一认知的影响相当程度上抑制了自杀的行为。所以，人类对生命的态度实际上直接影响到自杀行为，对这一因素的考量应该是分析自杀问题的起点。

为何现代人物质的占有与精神的丰富都已臻于相当高的程度之后，生命神圣性的体认却越来越成问题了呢？从本质上而言，所谓神圣性，是指人类对某种对象发自内心的敬畏和崇拜；生命的神圣性，当指人类对自身生命的敬畏和崇拜。回观远古时代，人类周遭的神圣之物很多，不仅神秘的生命现象是神圣的，而且一些特别的石头、树、鹰、老虎、月亮、太阳等，皆具有神圣性，都成为人们顶礼膜拜的对象。随着社会的发展，人类依靠自我的理性获得了越来越大的征服自然与改造社会的力量，于是，各种神圣之物逐渐地被"去魅"——消解附加于其上的神圣性，于是，人类崇拜、敬畏、服从的对象越来越少，而生命的神圣性也在这种解魅的过程里逐渐地消除。人们发现，石头不过是一种矿物质，植物是一种纤维体，动物是一种有机体，而曾经那么神圣的月亮和太阳也不过就是一颗行星和一颗恒星而已。至于生命，虽然比较复杂，但也就是一堆碳水化合物，一些 DNA。宇宙自然间的一切，社会生活里的一切，似乎都是可分析的、可理解的、可把握的、可改造的，又有何神圣性可言？

从生活层面分析自杀原因：生活感觉高于或重于生命的存在。人们走向自杀之路的原因有很多，也异常复杂，但从广泛的意义而言，自杀者中有相当一部分人不是精神病患者或抑郁症患者。但现在有许多人喜欢用精神疾病来解释自杀现象，似乎这是唯一的原因。这固然非常省事，也容易让人当下信服，且把一切自杀问题的解决都归之于药物治疗。但这与事实并不完全相符。我们的问题是：为何有许多看来是正常的人也会采取自杀这样一种对待生命的残酷态度呢？实际上，多是由生存的环境与人生观所引起的。

从自杀问题的角度来看，人生中存在的一个基本问题就是：生命与生活之间的紧张。本来，生命是生活的基础，生活是生命的体现，两者应该完全合一；然而在现实的人生中，生命表现为内在的，而生活是外在的；生命求的是稳定，生活求的是变化；生命是有机体的成长，而生活则是各种人生滋味的总和。于是，人之生命与生活实际上形成了一种内在紧张，两者经常发生矛盾、摩擦、不一致。这样，人生中我们便常常发生一个严重的两难问题：是生命延续重要还是生活状态的性质更重要？在传统社会，许多人都认为生命延续要重于生活状态，所以，再苦再累再困难也都要好好活下去，是谓"好死不如赖活"。而现代许多人则认为，生活状态要重于生命存在，他们想的是无享受的生活不如不生活——放弃生命；或者当生活变得难以忍受时，不如自我了结，是谓"赖活不如好死"。伊丽莎白·卢卡斯说："如今有一种比艾滋病更易传染、更致命的疾病，那就是否定生命。"[①]

当人们把生活置于生命存在之上，将精神的关注多投向生活的领域，欲望的满足成为现代人最重要的事。但每个人的能力与机遇有限，先天与后天的条件不同，人们所能满足的物质和精神的渴求总是有限度的。所以，人们的期望值总是高于自己所能获得的部分。也就是说，人之欲望与所得之间总是差距巨大的。这样，在一些人眼里，生活变得没有意义，因为自己想要的东西总是得不到，自己想避的东西却总会到来，生活中没有享受，生命又有何价值？这也导致了许多人在特定的情形下自杀。这即关于自杀的生死哲学的解释模式。

四、透过生命教育培育青少年健康的生命观

青少年的自杀，应该说大都缘于外在的原因，他们的心智还未能发育完成，许多人并不知晓自杀的严重性，更不懂死亡究竟意味着什么？因此，突发性的外在生活过程中的原因常常使青少年走向自杀，他（她）们毕竟还小，不能为自己的行为负全责。青少年的自我毁灭大多是产生于一时的冲动，而生命的毁灭也往往只在一瞬间。所以，在学

---

① 古尔德·弗兰克尔：意义与人生［M］.北京：中国轻工业出版社，2000.

校中必须有生命教育，让青少年认识生命的起源、本质，存在的意义与价值，让他们在受教育的过程，获得对生命的正确态度。要让青少年知道：在这个世界上，你要学会珍爱生命，学会承受挫折。青少年只有在情感、人格和人性各方面都得到健康的发展，才能自然地体验到做人的尊严，并在自觉或不自觉中理解生命的可贵，从而珍惜生命、呵护生命，获得生命的意义与价值。

（一）懂得处理生命与生活紧张的关系

在生命教育中，要让青少年从自我的生活感觉走向理性之生命，再从生理生命走向伦理生命，走向社会生命，走向精神生命，直至走向宇宙生命。青少年要努力消除生命与生活的紧张，走向二者的和谐。也就是说，要使生命回归生活的基础，生活成为生命的自然表现。这就要求人们从自我化的生活走向普遍性的生命，由自我的感觉体会他人与社会的感受，由此来建构对他人和社会的关切与责任感。同时，要树立长远发展的理念，相信自己的内在潜力。存在主义治疗法代表人物欧文·亚隆曾提出波动影响的概念：每个人都有着自身的中心影响力，会对旁人、下代人产生影响，就像池塘里投入一颗石子，泛起的涟漪会随着波纹传递到更广的范围，这种影响是长期而持续的。所以，你的一个举动可能就会对他人产生重要的影响，"我"的价值也得以彰显。

（二）懂得运用"生命二维四重性"原理

透过生命的二维四重性原理，可以让青少年领悟到：人不仅仅是属于自己，还属于家人，属于社会，生命只有一次，失去便不能再拥有。人之生命是由父精母血构成，只有在社会中才能存在和发展。这样，青少年就可以意识到：我的生死绝非个人私事，而是家庭和社会的大事。此外，必须在生命教育中告诉他们一个道理：对那些已经自杀者来说，自杀也许是一种解脱，可是他们是否想过亲人的莫大痛苦呢？所以，学校和家长要教育每个学生，让他们学会努力与别人相互沟通，个人生存奋斗的同时也要感觉到亲人和他人、社会的作用，从而使自我在生命层面上与所有的人和社会相关联，建构一种生命意识与价值。也唯有从生命层面入手，才能使青少年学会承受困难与痛苦，寻找到生命的意义与价值，学会关爱社会和他人，从一个"自然人"过渡为全面的"社会人"。获得生命的价值与人生的意义，避免生命惨烈的损失。

生活像一粒粒芝麻，生命恰似一个香脆的大饼；芝麻附在大饼上，让饼更加香味十足。所以，不要让生活中的一些不如意来影响生命的存在，不要破坏这一关系的平衡。如面对感情受挫而自杀的人就是把爱情视为人生的全部，当爱情失去后，人生也就没有了意义，生命也就被剥夺了存在权。其实，这是一种狭隘的想法，爱情只是人生的一朵美丽的花而已，爱情之花谢了，还会再开，而且人生之树上还会开事业之花、亲情之花、友情之花。不要因为一朵花谢了，就剥夺整株花的生存权。总之，生命是"我"的，却也不完全是"我"的，放弃自我的生命并不是个人的权利，一个人没有任何理由可以采取自杀的手段结束来自我健康的生命。

从生命的二维四重性来看，当人们获得生命之后，便在人世间形成了一个"生命场"。"身体发肤，受之父母"，自杀既是对自我生命的否定，也是对自我家庭与社会的否定，更何况其血缘亲缘的生命与社会人际的生命并没有结束，白发人送黑发人的剧痛将刻骨铭心。

从生命与生活的区分观念来看，一些中职生常常将生活中的某些挫折、失意、痛苦等"生活中不可承受之重"当成了"生命中不可承受之重"，于是，因感觉生活不好而放弃生命。人的生命是实体性的存在，更是一种关系性的存在，我们没有自杀的权利。

【聚焦归纳框】

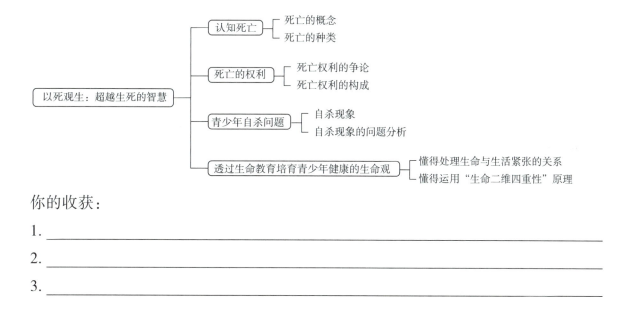

你的收获：

1. _____

2. _____

3. _____

【成长训练营】

如果你只剩下"生命中最后 24 小时"，你会如何安排这最后的时间呢？你会做哪些事？你会见哪些人？请记录下你的这段时光，并分享完成作业后的感受。

专题十三　责任担当：成熟生命试金石

"要使一个人显示他的本质，叫他承担一种责任是最有效的办法。"——毛姆①

【专题导航栏】

在我们的生命中，每个人都扮演着不同的角色，承担着不同的责任。生命教育中的责任担当，就是让我们明白，无论我们身处何种境地，都应该对自己的行为负责，对他人关爱，对社会贡献。责任担当是生命成长的基石，它让我们学会在困难面前坚定信念，勇往直前；在成功面前保持谦逊，不断进取。在本专题中，我们将学习如何在生活中实践责任担当，如何培养责任担当的品质，如何通过责任担当来提升自己的人生价值。让我们一起，用责任担当的力量，去创造一个更美好的世界。

【活动体验营】

责任初体验

游戏规则：队员相隔一臂站成几排，领队喊"一"时，向右转；喊"二"时，向左转；喊"三"时，向后转；喊"四"时，向前跨一步；喊"五"时，不动。当有人做错时，做错的人要走出队列、站到大家面前先鞠一躬，举起右手高声说："对不起，我错了！"连做几个回合。

讨论分享：

1. 这个游戏能让我们感受到什么？

2. 你在游戏中是如何履行自己的责任的？

---

① 威廉·萨默塞特·毛姆（William Somerset Maugham，1874 年 1 月 25 日—1965 年 12 月 16 日），英国小说家、剧作家和短篇小说家。毛姆的文学作品以其现实主义和讽刺风格而闻名，他的小说通常探讨人性的复杂性，以及个人在社会中的地位和角色。他的作品包括《兰贝斯的丽莎》（*Liza of Lambeth*，1897 年）、《人性的枷锁》（*Of Human Bondage*，1915 年）、《月亮和六便士》（*The Moon and Sixpence*，1919 年）等。

【生命智慧窗】

一、解读责任

谈及责任与责任感，我们首先会想到在社会生活中，常常会听到这样的话语："这是你的责任""你要对这事负责""这是我的责任""我该承担责任"。那么，什么是责任与责任感呢？

（一）何谓责任

责任是一个人应当做的事情或不应该做某些事情，责任产生于社会关系之中的相互承诺。在社会生活中，每个人都有自己的角色和身份，不同的角色和身份意味着不同的责任。责任既是社会对个人的要求，也是个人对社会的回应。责任的来源主要有法律规定、道德要求、家庭角色和职业要求等。法律规定是社会规范的体现，它规定了公民的权利和义务，也规定了公民应当承担的责任。道德要求是社会公认的行为规范，它体现了社会价值观和道德观念。家庭角色和职业要求则是个人的社会地位和职责所在。承担责任对于个人成长、社会和谐和国家繁荣都具有重要意义。个人成长方面，承担责任能够培养个人的自律意识、责任感和使命感，有助于个人成长和发展。社会和谐方面，每个人都承担起自己的责任，社会才能运转顺畅，实现和谐发展。国家繁荣方面，国家的发展离不开每个公民的责任担当，只有全体公民共同努力，国家才能繁荣昌盛。

（二）何谓责任感

责任感是指一个人在面对社会关系中的相互承诺时，所产生的一种强烈的自我驱动力和道德自律意识，是个人在面对责任和义务时所表现出的积极态度和行动力。责任感是社会文明进步的重要标志，它体现了个体对社会、对他人、对自我的尊重和关爱。责任感的形成受到多种因素的影响，主要包括家庭教育、学校教育、社会环境等。家庭教育是责任感培养的起点，父母是孩子的第一任教师，他们的言行对孩子责任感的培养具有重要影响。学校教育是责任感培养的重要阶段，学校通过德育教育、社会实践等活动，帮助学生树立责任意识，培养责任能力。社会环境是责任感培养的外部条件，一个积极向上、充满正能量的社会环境有助于个体责任感的发展。

责任感对于生命成长具有重要意义，可以从以下三个方面来理解：

1. 促进自我认识和自我实现

责任感是个人对自己行为和决策的自觉和负责。通过承担责任，个体能够更好地认

识自己的能力和局限，明确自己的价值观和目标。这种自我认识是个人成长的基础，有助于个体在自我实现的道路上不断前进。责任感还能够促使个人在面对挑战和困难时做到保持坚持和自律，从而培养出坚韧和解决问题的能力。

2.增强社会参与和公民意识

责任感也是个体对社会和他人的一种态度和行动。具备责任感的人更倾向于参与社会活动，关心公共事务，并愿意为社会的福祉贡献自己的力量。这种公民意识是建立和谐社会的重要基石，有助于形成互帮互助、团结协作的社会氛围。

3.提升道德发展和伦理行为

责任感还是个体道德发展和伦理行为的核心。通过对自己的行为负责，个体能够培养出良好的道德判断力和伦理标准，学会在不同情境下做出正确的道德选择。这种道德发展不仅对个体的精神成长至关重要，也对社会整体的道德水平提升有着积极影响。

当一个人深刻理解了对生命和宇宙万物应有的敬重，他内心深处的责任感便会被唤醒。他将主动地控制自己的行为，避免任何贬低生命尊严的行为；同时，他将被一种保护生命、提升生命价值的欲望所驱使，并且会将这种欲望转化为实际行动。因此，那些对生命持有敬畏和神圣感的人，无疑也是具有强烈责任感的人。

二、自由与责任

（一）自由与责任的概念

自由是指个体在法律和道德允许的范围内，根据自己的意愿和兴趣，自主选择和行动的能力。自由是现代社会的基本人权，是个体实现自我价值的前提。责任是指个体在社会关系中的相互承诺，是个体在面对责任和义务时所表现出的积极态度和行动力。责任是社会文明进步的重要标志，它体现了个体对社会、对他人、对自我的尊重和关爱。

（二）自由与责任的关系

自由与责任是相辅相成、不可分割的。自由并不意味着无限制的放纵，而是在责任的前提下，个体享有合法的自由。责任也不意味着完全的束缚，而是在自由的范围内，个体承担相应的责任。自由与责任相互依存，相互促进。只有在自由的条件下，个体才能更好地承担责任；只有在承担责任的过程中，个体才能更好地享受自由。

（三）自由与责任的平衡

在现实生活中，个体如何在自由与责任之间找到平衡点，是一大挑战。作为中职生，首先，要增强自我认知，要明确自己的自由与责任的边界，了解自己的权利与义务，做到不越界、不推诿。其次，要培养责任意识，要认识到责任的重要性，主动承担起自己的责任，不逃避、不懈怠。再次，个体要积极参与社会活动，为社会的发展贡献自己的力量，实现个人与社会的共同进步。最后要定期对自己的自由与责任观念进行反省，发现问题及时改正。

自由与责任是现代社会个体必须面对的两个重要方面。只有在自由的条件下，个体才能更好地承担责任；只有在承担责任的过程中，个体才能更好地享受自由。个体要树立正确的自由与责任观念，努力在自由与责任之间找到平衡点，为实现个人价值、促进社会和谐与发展做出积极贡献。

三、承担责任——生命成熟与圆满的试金石

面对责任，人们的反应各异：有人主动迎上，有人被动接受，有人则千方百计逃避。责任感和个人的成长、成熟、圆满之间存在着怎样的联系呢？责任，是一种与生命同行的义务，它伴随着每个人的一生。实际上，是否能够承担责任，常常被视为判断一个人是否成熟的重要标准。

但是，你是否总是逃避责任？你是否害怕承担责任？你是否觉得责任是一种束缚，让你无法自由行动？有些人确实不愿意"长大"，心理学上称这种成年后的幼稚为"彼得·潘综合征"。心理学家用这个词来形容那些在心理上难以成熟的人。他们内心深处仍是个孩子，总是试图逃避责任和生活，不愿意进入成年人的世界。

然而，我们不可能像乌龟一样缩进壳里，便以为可以规避成长的挑战，忽视父母日益年迈的真相，我们终究无法回避生活中的责任。那么，我们应该承担哪些责任呢？

（一）承担不可回避的三大责任

鲁迅曾经说过："人生的路上，真正的幸福是追求真理，真正的英雄是追求真理的人。"一个对生命负责的人会有一种对生命的使命感，会因为责任的存在而好好生活，珍惜自己的生命，追求生命的真谛，承担对他人和社会的责任，享受尽责任带来的精神上的乐趣。

如前所述，人之生命具有"二维四重性"，我们的生命之中包含着丰富的意涵，我们拥有的"关系性人文生命"中又包含着相互联系的三个方面，一是"血缘性亲缘生命"，二是"人际性社会生命"，三是"超越性精神生命"。这也呈现出我们一生中要扮演的不同角色和需要承担的不同责任，其中有三大责任担当，会成为我们一生的功课。即家庭责任、职业责任以及社会责任。

1. 家庭责任

初来乍到这个世界，我们首先被家庭所包围，最初的社交活动也始于家庭之内。从"基于血缘的家族生命"这一点来看，我们是由父母的遗传物质结合而成，继承了他们的基因，并肩负着延续家族血脉的使命。这就说明，在继承父母血统的同时，我们也继承了家族的亲情。血统中的亲情告诉我们，每个人都应在继承血缘关系生命的过程中承担起责任。我们每个人来自不同的家庭背景，而家庭责任是伴随我们终生的职责，它是各种责任中最长久的一项。家庭责任的核心是一种基于爱的责任。爱，是家庭成员履行所有家庭责任的根本动力，因此，承担家庭责任的力量通常来源于人的情感和习惯。比如，尊敬和照顾长辈，抚养和教育后代等。家庭责任是我们一生中最关键的责任，也是大多数人在面对责任冲突时首先考虑的责任。

杨怀保，1985 年出生在陕西省汉中市勉县的穷困山村。他的母亲因两次手术无法干活，父亲在工地受重伤也失去劳动能力，还有一个年幼的弟弟需要照顾。12 岁时，杨怀保就承担起了家庭重担。就是在这种情况下，2003 年 9 月，杨怀保以优异成绩考入湘潭大学。

"我要靠自己的奋斗养活全家人，不能再让父母和弟弟受苦。"入学第二年，杨怀保把父母、弟弟从千里之外的陕西接到了湖南湘潭，在学校附近租了不足 10 平方米的小房子，开始了"背起一家人"的壮举。

在校期间，为了支撑这个家，杨怀保每天早上去买菜，安排好一家的油盐柴米，然后走进学校上课，课后再去做家教、当推销员。晚上回来，还要坚持学习到深夜。他利用自己兼职挣来的钱给父母治病，给弟弟交学费，最辛苦的时候，同时做了 7 份兼职。日复一日的求学、养家生活十分艰辛，杨怀保每天拖着沉重、疲惫的双脚奔走在校内外。然而，在奔忙中，他看到了希望，燃起了信念，并考取了湘潭大学研究生。①

2. 职业责任

职业责任是指在从事特定职业活动中，个人应承担的责任和义务。职业责任来源于职业的特殊性和职业人员的特殊地位，是职业人员在工作中必须遵守的行为规范和道德准则，是我们从学校跨入社会参加工作时必须承担的责任，它包括对服务对象的承诺、

---

① 帅才."小孝暖我家，大孝为天下"——记"中国青年五四奖章"获得者杨怀保［EB/OL］.（2018-06-22）［2022-05-23］.http://www.xinhuanet.com/politics/2018-06/22/c_1123022566.htm.

对职业道德的遵守、对工作标准的维持以及对同事和合作伙伴的尊重等。职业责任通常与专业技能、行业规范和法律要求密切相关，是确保职业活动顺利进行和质量保障的重要基础。

张桂梅，一位来自我国云南省的教师，她在怒江傈僳族自治州泸水市兰坪白族普米族自治县的一个偏远山区支教多年，用她的执着和奉献精神为这片土地带来了希望。面对艰苦的教学环境和贫困的学生家庭，张桂梅老师从未退缩。她不仅关注学生的学习，还关心学生的生活和健康。她自费为学生购买学习用品、衣物和食品，甚至为学生提供住宿。在张桂梅老师的努力下，许多原本无法继续学业的学生得以顺利完成学业，走向更广阔的世界。张桂梅老师的事迹感动了许多人，她被评为"全国优秀教师"并获得了多项荣誉。她的真实案例激励着更多的人关注教育事业，为贫困地区的孩子们提供帮助和支持。

你是如何看待自己未来的职业的？是否能像张桂梅老师一样热爱自己的职业？抑或抱持着"做一天和尚撞一天钟"的心态来看待自己的职业呢？

可以这样说，我们每个人的工作都是我们亲手雕刻的艺术品，是美丽还是丑陋，是可爱还是可憎，都是由我们自己创造出来的，正如我们的人生路是靠自己走出来的一样。对于中职生而言，学习专业技能和投入职场是我们生活的重要组成部分。在某种程度上，我们的成长和进步就是在学习和工作中实现的。因此，我们应该努力让自己的学习和职业生涯更加丰富多彩，将学习和工作视为一种追求，保持一颗积极进取的心，充分利用这段宝贵的时光，不断提升自己，为未来的成功奠定坚实基础。

3. 社会责任

承担社会责任的核心内容就是遵守八大社会规则[①]（即社会民事规则、社会法律规则、社会习俗规则、社会道德规则、社会宗教规则、社会纪律规则、社会权利规则、社会舆论规则），这是我们一生中无时无刻不存在的主要社会责任。例如，遵守国家的法律法规、遵守社会道德规范、遵守当地风俗习惯等，都是我们必须承担的社会责任。

从生命的复杂性和多维性中，我们可以深刻理解到责任是生命的一个基本要素，履行责任是生命圆满发展的必经之路，也是个人成长不可或缺的条件。只有在确保生命存在的前提下，提供维持生命所需的能量，个体才能达到生命的最高境界。勇敢地担负起

---

① 金安.责任［M］.成都：四川大学出版社，2005：128.

生命的责任，我们才能以真正的人的姿态站立。我们生命的价值也正是在承担责任的过程中逐渐显现并得到提升。

（二）承担选择的责任

责任与选择是相互关联的。个人的选择会影响他们的责任，而责任感又会影响他们的选择。在日常生活中，我们应当意识到自己的选择所带来的责任，并尽可能地做出负责任的决定。

在做出决策之时，反思自己的内心：作为一名中职生，我是否树立了对个人成长和社会责任负责的生活态度？我是否已经确定了一个既有助于个人发展又对社会有贡献的生活目标？我对目前的生活状态感到满意吗？作为中职生，我应该如何调整自己的态度和行动，以提升对现状的满意度（或实现更高的满意度）？

承担个人行为的后果意味着认识到："没有人有责任替你完成你应尽的任务；如果你不履行合同，没有人会替你履行；如果你错过了会议，没有人会提醒你……"在现实世界中，我们都不是永远长不大的"彼得·潘"，我们必须学会成熟，对自己的行为承担责任。毕竟，每个生命个体都应努力成为一个负责任的个体，只有负责任的个体才能对他人和社会负责。

（三）承担自律的责任

承担自律的责任是一个人成长和成功的关键。自律意味着能够自我约束，自我管理，不依赖他人的监督和指导。这种能力对于中职生来说尤为重要，因为我们在学习和工作中需要展现出专业性和可靠性。

自律的责任首先体现在时间管理上。中职生应该学会合理安排时间，确保每天有足够的时间用于学习、实践和休息。这意味着要制订计划，并严格按照计划执行，避免拖延和浪费时间。

其次，自律还体现在学习态度上。中职生应该积极主动地学习专业知识，不断提升自己的技能。这需要自我激励，自我监督，确保每一次学习都能有成效。

再者，自律还表现在行为规范上。中职生应该遵守学校的规章制度，尊重师长和同学，展现出良好的职业素养。这不仅是对自己的尊重，也是对他人的尊重。

最后，自律还涉及自我反思和自我提升。中职生应该定期反思自己的学习和生活，找出不足之处，并制定相应的改进措施。这种自我反思和自我提升的过程，是个人成长的重要环节。

（四）承担信守诺言的责任

承担信守诺言的责任是建立在信任和诚信之上的重要品质。诺言是人们之间的一种约定，是对未来行为的承诺。信守诺言意味着遵守自己的承诺，无论情况如何变化，都要坚守自己的诺言。

历史上有许多典故可以说明承担信守诺言的责任的重要性。例如，古代中国的孔子曾经说过："人而无信，不知其可也。"这句话强调了诚信的重要性。古代中国的刘备、关羽和张飞三人在桃园结义时，发誓要共同奋斗，互相扶持，共同实现大业。他们信守诺言，共同经历了许多艰难险阻，最终建立了蜀汉王朝。

承担信守诺言的责任不仅仅是对他人的承诺，也是对自己的承诺。当我们对自己设定目标并承诺要实现时，就要坚守自己的诺言，努力去实现目标。这种自律和坚持能够培养个人的信誉，使自己在社会中得到他人的尊重和认可。

四、培育责任感与责任意识

（一）接纳角色，认真履行责任义务

每个人都扮演着"角色丛"，我们总是身兼多重角色，接纳角色并认真履行责任的义务不仅仅是对他人的承诺，也是对自己的承诺。

无论是在学校、工作还是家庭中，每个人都被赋予特定的角色和相应的责任。接纳角色并认真履行责任的义务意味着要全身心地投入到所扮演的角色中，尽自己最大的努力去完成相应的责任。在学校中，学生需要接纳自己是学生的角色，并认真履行学习的责任。在工作中，员工需要接纳自己员工的角色，并认真履行工作的责任。在家庭中，每个家庭成员需要接纳自己的角色，并认真履行家庭责任。

（二）学会归因，提高责任的内控点

归因是心理学中的一个重要概念，它涉及个体对事件原因的判断和解释。提高责任的内控点意味着个体在面对责任时，能够主动承担责任，而不是将责任推卸给外部因素。

首先，学会归因需要个体具备批判性思维能力。在面对事件时，个体应该学会从多个角度分析问题，理性地判断事件的原因，而不是仅仅依赖于表面现象或者他人的观点。

其次，提高责任的内控点需要个体具备自我反省的能力。通过自我反省，个体能够更加清晰地认识到自己的责任和不足之处，从而在未来的行为中避免重复犯错。

再次，提高责任的内控点还需要个体具备自我调节的能力。在面对压力和困难时，个体应该学会调整自己的情绪和行为，以更好地应对挑战。

（三）直面生活，感悟生命责任的价值

科学家爱因斯坦说过："我每天上百次地提醒自己，我的精神生活和物质生活都依靠别人（包括活着的人和死去的人）的劳动，我必须尽力以同样的分量来报偿我所领受了和至今还在领受着的东西。"在一生中，我们不可避免地要面对各种各样的生活挑战和困难。这些挑战和困难，无论大小，都是我们成长和进步的机会。在这个过程中，我们需要具备一种基本的素质，那就是对生命责任的价值的感悟。

生命责任是指个体对自己生命过程的全面负责，包括对自己的身体、精神、道德等方面的负责。生命责任的价值在于，它使个体能够主动地、有意识地引导自己的生活，使自己的生活更有意义、更有价值。具体来说，首先，生命责任的价值体现在个体的自我成长和自我提升上。个体在面对生活挑战时，需要不断地学习、成长，以应对各种困难。这个过程，既是个体对生命责任的体现，也是生命责任的价值的体现。其次，生命责任的价值体现在个体与他人的关系中。个体在社会中，不仅要对自己负责，也要对他人负责。这种对他人负责的态度，使个体能够建立起良好的人际关系，使自己的生活更加和谐。最后，生命责任的价值体现在个体对社会的贡献上。个体在社会中，不仅要消费社会资源，也要为社会做出贡献。这种对社会的贡献，使个体的生活更有意义，也使社会更加和谐。

（四）积极实践，培养信守承诺的习惯

在我们的日常生活中，诚信做人的重要性不言而喻。作为中职生，我们更应该注重培养信守承诺的习惯，这对于我们的学习、生活和未来职业生涯都有着至关重要的作用。信守承诺不仅有助于树立良好的个人形象。当我们对他人做出承诺时，对方会对我们产生信任感。如果我们能够如期兑现承诺，那么我们的诚信度就会得到提高，个人形象也会随之变得更好。反之，如果我们经常违背承诺，那么别人就会对我们产生不信任感，甚至会影响我们的人际关系。那么，如何培养信守承诺的习惯是一个非常重要的问题。作为中职生，我们要学会慎重承诺。在做出承诺之前，我们要充分考虑自己的能力和时间，确保自己能够如期兑现承诺。不轻易做出承诺，一旦做出承诺，就要全力以赴去实现。还要学会及时沟通。在承诺执行过程中，如果遇到困难或者变化，我们要及时与对方沟通，说明情况，寻求理解和支持。这样可以避免因为误解而产生的信任问题。

总之，我们要积极实践，培养信守承诺的习惯。这不仅有利于我们的个人成长，也能够为我们的未来职业生涯打下坚实的基础。让我们从现在开始，努力践行诚信，做一个有诚信、有担当的人。

（五）勇于担当，不为自己的过失找借口

中职生正处在学习和成长的阶段，面对各种挑战和困难，更需要具备这种勇于担当的精神。我们要勇于面对自己的过失。当我们犯了错误时，不要逃避，不要回避，而应该勇敢地承认，主动地承担。这是对自己负责，也是对他人负责。要学会从错误中吸取教训。每一个错误都是一次学习的机会，只有通过反思，我们才能了解自己的不足，才能提高自己的能力。还要有改正错误的决心和行动。勇于担当，不仅仅是承认错误，更重要的是有改正错误的决心和行动。我们要用实际行动来证明我们的诚意和决心。总的来说，勇于担当，不为自己的过失找借口，是我们每个人都要努力去做的。这不仅是对自己的要求，也是对他人的尊重，更是对社会的一种责任。

五、生命因责任而精彩

我们先来看两个真实的案例：

在史无前例的伟大脱贫攻坚战中，黄文秀以自身的奋斗诠释了青年的责任和使命，她的脚步踏过了田间地头、走遍了泥泞山路，她从不在困难面前退缩，从不因辛劳而懈怠，从不因艰险而止步。她始终坚定信念，执着践行，直至生命最后一刻。当很多30岁年纪的青年，人生之路还未行至半途，黄文秀短暂而壮丽的人生却在此刻画上句号。

在9 800米的高空中，飞机挡风玻璃突然爆裂脱落，造成瞬间失压，驾驶舱温度只有零下40摄氏度的生死关头，退役军人、机长刘传健沉着果断处置险情，依靠自己扎实的专业理论、精湛的飞行技术和严谨的职业精神完成了一次堪称"史诗级"的备降，成功保住了机上128名机组人员和乘客的生命安全。而对于社会各界的盛赞，刘传健总是说："这份荣誉属于中国民航。"

讨论分享：

1. 看了黄文秀、刘传建的事迹，你最大的感触是什么？

2. 你是如何看待这些抉择的？

人生好比一次旅行，从拥有生命的那一刻起，我们就载上了一种叫生存的使命与责任，我们不仅仅为自己的生存负责，更不可忘记为其他人的生命负责。负责的灵魂闪耀着异常夺目的光辉。

【聚焦归纳框】

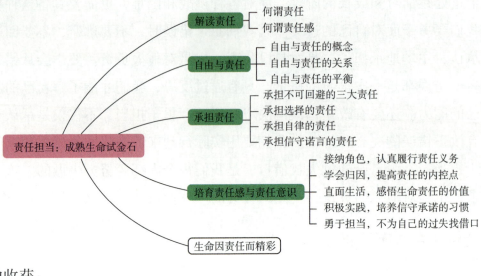

你的收获：

1. _____

2. _____

3. _____

【成长训练营】

1. 思考并罗列现阶段的我们有哪些责任需要承担并开展行动。

_____

_____

_____

_____

2. 你如何理解你未来职业的责任与使命？

_____

_____

_____

_____

体味幸福：追寻人生的价值

专题十四

> 幸福不是毛毛雨，幸福不是免费午餐，幸福不会从天而降。人世间的一切成就、一切幸福都源于劳动和创造。——习近平

【专题导航栏】

人是向着生命幸福而存在的个体，个体生命发展的终极目标是成就幸福的人生。为了追寻幸福，我们不断努力、奋力前行。生命教育的重要目标之一，就是让人们通过学习，对生活、生命与人生的内涵有更为深刻的理解与体察，从而获得真正的人生幸福。本专题从个人对幸福的感受与理解入手，通过分析幸福的定义和幸福悖论来认识幸福；通过探讨幸福的迷途明确幸福需要用"心"体悟，幸福需要在职业里找寻；通过确立目标、学会选择、感恩生命、直面生活等来拥抱幸福。

【活动体验营】

幸福观澄清

请思考：生命中有哪五样东西你认为最值得追求和拥有，而且最能给你带来幸福？请在白纸上写下来，比如健康、生命、亲情、友情、爱情，或金钱、权力……

请认真观察你写出的五样东西，拥有了它们，你就拥有了幸福。然而，人生中总有一些不如意，由于某些原因，你不得不一样一样地将它们舍弃。每一次舍弃就意味着一样宝贵的东西从你的生命中消失……最终，你只能保留一样。

四轮舍弃后，请认真看着仅剩的这样东西，郑重地在纸上写出保留它的原因并分享你的感受。

讨论分享：

1. 四轮"舍弃"中，你是什么心情？
2. 你的"舍弃"顺序是什么？
3. 你最终保留的东西是什么？为什么？

【生命智慧窗】

中央电视台一则关于"你幸福吗"的特别调查一度将"幸福"推至年度热词行列，幸福成为公众街头巷尾讨论的话题。那么，什么是幸福？是一种心态，一种满足，还是一种渴望？党的十九大报告指出，我国社会的主要矛盾已经从"人民日益增长的物质文化需要同落后的社会生产之间的矛盾"转变为"人民日益增长的美好生活需要和不平衡不充分的发展之间的矛盾"。曾经，人们将幸福寄托于物化的未来，可随着社会生产力的提高、物化目标的陆续实现，我们逐渐发现，幸福的"美好生活"并没有伴随着物质的富足如约而至。幸福，似乎不止于物质层面。幸福，怎么才能拥有？幸福，始终是一个大问题。

一、认识幸福

（一）幸福的定义

关于幸福是什么，不同的人有不同的观点：对学生来说，幸福可能是成绩理想，毕业顺利；对父母来说，幸福可能是子女健康成长，事业有成；对老年人来说，幸福可能是有人陪伴，老有所依……同一个人在不同的时间或境遇下也会形成不同的答案：生病时，幸福是健康；穷困时，幸福是金钱；饥饿时，幸福是食物……

关于幸福的定义更是仁者见仁，智者见智。在我国，幸福曾被表述为"福""福德"等。《尚书·洪范》指出"福"的五个内容："一曰寿，二曰富，三曰康宁，四曰攸好德，五曰考终命。"《礼记·祭统》认为："福者，备也。备者，百顺之名也，无所不顺者谓之备。"可见，在中国传统文化中，幸福既是一种生活方式，又是一种心灵体验，是对生命的理解与领悟，与道德存在着复杂关系。儒家强调幸福在于心灵的泰然，周敦颐说："心泰则无不足，无不足，则富贵贫贱，处之一也。"道家强调幸福在于心灵的自然，认为每个人都有先天本性，只要自然本性得到充分的发展就是幸福，是一种认知上的领悟与超越，进而践行为一种清静无为、顺其自然的生活方式。

《现代汉语词典》将"幸福"定义为：使人心情舒畅的境遇和生活；（生活、境遇）称心如意。《辞海》对"幸福"一词的解释为："在理想奋斗过程中以及理想实现时感到满足的状况和体验。"根据马克思主义的观点，人们对幸福的看法是与其对人生目的和意义的理解分不开的，且归根到底是由一定社会的经济关系和生活条件决定的。不同时代、不同阶级、不同生活目标的人，有着不同的幸福观。人的生命不同于动物，人的追求并非仅仅停留于物质层面，更多是对自我精神层面的追求。因此，人的幸福生活，不仅包括物质生活，还包括精神生活。

　　总体而言，目前学界有关幸福的定义，最具代表性的是"快乐论"和"实现论"两种。伊壁鸠鲁的伦理学说被称为"快乐论"。他指出，人生的目的是追求快乐和幸福，幸福生活就是"身体的无痛苦和灵魂的无纷扰"。"快乐论"以"快乐就是幸福"为核心，认为幸福就是快乐的主观心理体验。人的一生都在追求幸福，无论是现在的还是将来的、物质的还是精神的。追求快乐、避免痛苦，是人类的本能。当然，这并不意味着要人们不顾一切地追求感官欲望的满足。伊壁鸠鲁强调：感官的快乐是暂时的，灵魂的快乐才能持久，只有精神生活的幸福才是高尚的、永久的。"快乐论"又可细分为感性快乐派和理性快乐派，前者认为幸福就是感官的快乐；后者认为人不应只追求低级意义上的感官满足，还要追求高级意义上的精神快乐。

　　许多哲学家不赞同将快乐作为幸福的标准。在"实现论"看来，幸福不仅是快乐，还是人潜能的实现、本质的显现。幸福是客观的，是不以人的主观意志为转移的自我完善、自我超越、自我成就，是自我潜能的完美实现。享乐主义的快乐是一种庸俗的理想，使人成为欲望的奴隶。真正幸福的人应该是将自身功能发挥至完善的境界，是"优秀地"实现人的功能，是达人之性。

　　我们认为，幸福是个体需要和欲望满足时的积极主观体验，或是人潜能的实现、本质的显现，是"价值性的实现""目的性的实现""人的本质的实现"。幸福意味着个体的精神生命抵达至真、至善、至美之境时刻的完满体验。

（二）幸福悖论

　　随着社会生产力的快速发展，人们的物质生活越来越丰富，本该是共享劳动成果的幸福时刻，可社会各处仍然充满了忙碌与疲惫的身影。物质生活的富足似乎并没有让我们感觉到幸福。由此，有人发出了这样的疑问："你幸福吗？"然后会听到这样的答案："我怎么绞尽脑汁也想不出值得自己幸福的事呢？""考试无穷多，人的个性都磨灭了，我觉得生活一点意思都没有。""每天除了忙就是忙，还不知道忙的意义，哪有幸福可言？""无聊的生活，枯燥的学习，感受不到的幸福。"

　　1974年，美国南加州大学经济学教授理查德·伊斯特林（R. Easterlin）在其著作《经济增长可以在多大程度上提高人们的快乐》中提出：通常在一个国家内，富人报告的平均幸福和快乐水平高于穷人，但如果进行跨国比较，穷国的幸福水平与富国几乎一样高。这一理论也被叫作"幸福悖论"，即更多的财富并没有带来更大的幸福。当我们拥有更多的财富、更长的假期、更好的健康状况时，却并不一定会感到更加幸福。这个悖论的核心在于，虽然物质上的丰富可以为我们的生活带来便利和舒适，但它并不是幸福的充分条件。人们不仅需要物质上的满足，更需要精神上的追求和满足。幸福悖论产生的原因有很多，其中一个重要的原因是人们对幸福的期望值和实际感受之间存在差距。人们往往把幸福寄托在一些具体的目标上，比如赚取更多的金钱、获得更高的地位、拥有更好的事业等。然而，当这些目标实现后，他们可能会发现幸福感并没有如预期的那样增加，甚至可能会感到空虚和失望。此外，幸福悖论还与社会文化、个人经历、心理状态等因素有关。在不同的社会和文化背景下，人们对幸福的定义和追求方式也会有所不同。同时，个人的经历和心理状态也会对幸福感产生重要影响。比如，一个经历过苦难的人可能会更加珍惜现在的幸福，而一个心态积极的人可能会更容易感受到幸福。

幸福悖论还体现在我们生活中的各个方面，譬如：

（1）技术与幸福。随着科技的进步，我们拥有了更多的便利和娱乐方式。然而，过度依赖技术也可能导致我们失去与他人的真实互动和体验生活的机会。例如，花费大量时间在手机或电脑上可能会减少我们与家人和朋友的面对面交流，从而影响我们的幸福感。

（2）社交媒体与幸福。社交媒体（微信、抖音等）的普及使人们能够展示自己生活的精彩一面，给人一种所有人都过得比自己好的错觉。然而，过度使用社交媒体可能导致焦虑、抑郁和社交比较的压力，从而影响幸福感。

（3）人际关系与幸福。良好的人际关系是幸福的重要因素之一。然而，过度依赖他人或期望他人给予自己幸福可能导致失望和不满。幸福应该建立在自我实现和内在满足感的基础上，而不是仅仅依赖于外部因素。

（4）成就与幸福。在学习、职业和个人生活中，我们经常会追求各种成就，如获奖、升职或完成一项重要任务。虽然这些成就可能带来短暂的满足感，但它们并不一定能持续带来幸福。有时，过度追求成就可能导致我们忽视生活中的其他重要方面。

（5）工作与幸福。尽管工作可以提供经济来源和社会地位，但过度的工作压力和长时间的工作可能损害幸福感。研究发现，那些拥有更高工作满意度和更好工作生活平衡的人往往更幸福。

二、体悟幸福

（一）幸福的迷途

从古至今，人们都在追逐幸福的路上不懈努力着。物质文明与科学技术的不断进步，理应让我们离幸福越来越近，然而，郁闷、焦虑、无聊……诸多负面情绪始终在身边萦绕。或许是我们面对的诱惑、追逐的东西太多，迷失了真我，常常为负向情绪所累，生活品质下降，引发种种生命困顿与生命问题。究其原因，其实是我们没有把握幸福的本质[①]。

幸福≠快乐。在生活中，人们常常把快乐与幸福混淆起来。追求快乐本是人类趋乐避苦的本性使然。生活如果没有快乐，便也不能称为幸福生活。快乐是欲望得到满足时所产生的感官上的愉悦状态，欲望得到满足就会产生快感。人的需要与欲望也有健康与不健康之分。不健康甚至是病态的快感对我们来说是有百害而无一利的。比如，酗酒、吸毒、网瘾等种种成瘾行为，虽然满足了感官的愉悦，却不能获得真正的幸福，甚至还会造成不可挽回的伤害，痛失幸福。

事实上，幸福与快乐在价值性、无限性、超越性和动力性四个方面都有着本质区别。首先，幸福有价值性，但快乐没有。幸福可以作为人生的终极目的去追求；快乐则不然，它可以作为一时的目标，却不能为人的终极目标实现提供满足感。其次，幸福具有无限性，快乐具有消费性。生活中感受到的快乐通常短暂而有限，多与感官、物质和利益密切相关；而幸福则不然，它会以纯粹意义的方式被保存积累。再次，幸福具有超越性。很多时候，精神方面的幸福感能够让人超越肉体上的痛苦，明知吃亏、吃苦也会乐意去做，"痛并快乐着"。最后，幸福具有强大的动力性。精神层面的幸福感是一种强大而持久的动力；快乐则不然，动力短暂且有限。

幸福≠目标的实现。当想到有意义的生活时，人们经常会谈到"目标"。明确的目标可以指引人们前进的方向，避免其他纷扰与困惑。然而，有目标或者实现目标并不能保证人们必然感受到生存的意义。生活需要目标的引领，但不是所有目标都能使人们感受到幸福，我们真正需要的是那些让我们从内心感到有意义的目标。要过真正有意义的生活，目标必须是自发的，是为了实现自我存在的意义，是一种"真我的呼唤"，而不是单纯为了满足社会标准或迎合他人的期望而设定的。就像萧伯纳所说："这才是生命的喜悦，那种为了源自真我的目标而奋斗的感觉。"[②]

同时，如果总是保持着"一旦目标实现就会幸福"的错误观念，就会只看到目标，不停地从一个目标奔向另一个目标，疲于奔命。当你还是小孩子时，总是盼望自己能够快快长大，早日离开父母的怀抱，踏上属于自己的快乐旅程。遗憾的是，你很快就会发

---

① 郑晓江，张名源.生命教育公民读本［M］.北京：人民出版社，2010：49-60.
② 泰勒·本－沙哈尔.幸福的方法［M］.汪冰，刘骏杰，译.北京：中信出版社，2013：112.

现，那种美好的向往将被新的孤独、迷茫与郁闷替代。于是你告诉自己，要快点找个伴侣走进婚姻，有了孩子以后，你会更加幸福。可是你又发现，事实并非如此。于是又会觉得是因为孩子太小了，如果他们长大了，一切就好了吧。孩子长大进入青春期后，你又发现要密切注意他们的一切。你总是不断地告诉自己，过了这段时间，也许就会感到幸福了吧。而事实上，生命的历程不应仅只是这样的一种"加速的固定模式"，还应是充满情趣的旅行，是学会驻足欣赏沿途的风景，是在目标引领下享受生活的过程、发现生活的乐趣。

（二）幸福需要用"心"体悟

走出幸福的迷途，在探寻幸福的路上，我们要用"心"体悟。事实上，幸福无处不在，教育是获得幸福的最好机会。生活中原本有许多美妙的东西，只是由于人们过得太匆忙、太浮躁，没能好好地去品味、去把握。现在，如果让你静下心来，回顾之前的幸福生活，你将会怎样思考人生呢？毕淑敏说："人千万不要做幸福的盲人，要训练自己对于幸福的感知与把握，只有这样，你才能活出幸福来。幸福就在我们身边，只要你弯下身，只要你张开手臂，只要你敞开心，就能将它拥抱入怀。"其实很多事物都暗含美感，都会给人带来欢欣和喜悦，只是需要我们用心去感知，用情去体会。我们来欣赏一下《十张叫作幸福的图片》：

第一张，爱情。沉醉于爱情中的人是幸福的。长长的人生之路，有你的陪伴、扶持，足够了……第二张，白头偕老的爱情。有人说爱情是一杯茶，时间一久就淡了。我说爱情更像是一个浓汤煲，时间越长越有滋味……第三张，母爱。如果整个世界都抛弃了你，至少还有母亲不会放弃你。还记得儿时母亲的怀抱就是我最温暖的港湾……第九张，求知。这是一张老照片，初看时感觉心酸，逐渐地，我们发现了求知的力量，破旧的教室、打满补丁的衣裳，却掩盖不了她心中对知识的渴望，与那些一坐进教室就头疼的城里孩子相比，她就是幸福的。第十张，孩子。他们是落入凡间的精灵，脸上的笑容足以让人忘记一切烦恼。

人们总是抱怨生活压力太大，工作、家庭、金钱，甚至爱情，这些本该是生活的快乐所在，却成为背上的枷锁。我们开始习惯面无表情的生活，习惯让自己的心很坚硬，忘记了世界上还有一种东西叫幸福。其实，幸福很简单，如果你不那么匆匆忙忙，如果你肯用爱的目光，如果你有足够的宽容，幸福真的离我们很近……

（三）幸福需要在职业里找寻

除了要有一双发现幸福的眼睛，我们还要积极地创造和分享幸福。如果我们热爱生活，就会创造出平凡的伟大，为自己和更多的人带去幸福。作为中职生，我们是未来推动经济社会发展和祖国建设的中坚力量。我们要认清自己的愿望，掌握扎实的职业技能、培养积极的工作态度、建立良好的人际关系、持续学习和自我提升，寻找可以为之奋斗终生的事业，从工作中获得幸福。有调查显示：在人的一生中，有近40%的幸福感来源于职业。从某种意义上说，我们人生中的大部分时光是在工作中度过的，如果无法在工作中体验到幸福，那将是十分遗憾的。

一方面，用"心"发现身边的小幸福。在工作中用心发现身边的小幸福是一种积极的生活态度，它有助于我们更加珍视和感恩工作中的点滴美好。第一，欣赏日常的美好。留意工作中的日常细节，如同事的微笑、整洁的工作环境、一杯香浓的咖啡等。这些看似微不足道的事物，其实都能为你带来一丝愉悦和幸福感。第二，与同事建立良好关系。与同事保持良好的沟通和合作关系，共同解决问题和面对挑战。在团队合作中找到归属感和信任感，这也是一种小幸福。第三，感恩他人的帮助。当你在工作中遇到困难时，不要忘记那些伸出援手的人。感恩他们的帮助和支持，珍惜这份友谊和温暖。

另一方面，学会品味辛勤劳作的快乐，提升职业幸福感。第一，感受工作的成就感。每当完成一个任务或项目时，停下来欣赏一下自己的成果。这种成就感能够让你感到满足和自豪，也是工作中的一种小幸福。第二，庆祝小成功。无论是完成一个小任务还是取得一点小进步，都值得庆祝一下。可以给自己买一束花、看一场电影或者与朋友分享喜悦。第三，保持积极心态。面对工作中的挑战和困难时，保持积极的心态和乐观的态度。相信自己能够克服困难并取得成功，这种积极的心态本身就是一种幸福。第四，关注个人成长。在工作中不断学习新知识、掌握新技能，关注自己的成长和进步。当你发现自己在不断成长时，也会感到一种内心的满足和幸福。

总之，用心发现身边的小幸福并不需要花费太多时间和精力。只要我们保持一颗感恩和敏锐的心，就能在工作中找到那些被忽略的美好和幸福。这些小幸福会让我们更加热爱工作、珍惜生活，并为我们带来无尽的快乐和满足感。

幸福值得我们每个人去追求，而人生的路上会有很多的欲望和诱惑，使我们迷失本性，忘记最初的梦想，由此失去幸福。因此，找到我们最看重的幸福价值观，意义重大。

　　还记得刚才的体验活动吗？我们通过体验活动，初步澄清了自己的幸福观。有人说："这种选择太痛苦了，有好几次我都快哭出来了。我最后保留的是亲情，因为没有父母就没有我的存在。在我看来，健康、友情、爱情、自由都是可以舍弃的，唯有亲情剪不断。"还有人说："这个游戏使我看清了什么是自己最想要的，我保留的是生命。正因为有了生命，我才会更好地学习、更好地工作、更好地恋爱、更好地孝顺父母、更好地帮助别人。生命是神圣宝贵的，它寄托了太多人的希望，我有什么理由不好好珍惜呢？"

　　确实如此，我们在舍弃时，是矛盾的、难以割舍的、迷茫的，甚至是残忍的、折磨人的、撕心裂肺的……也许在今天之前，我们从未认真思考和珍惜过它们。可相信经过刚才痛苦而艰难的选择，从这一刻开始，我们知道了什么是我们应该追求的真正的幸福。这不仅是一次虚拟的幸福选择，更是我们对自我生命存在意义的一次深入思考。

三、拥抱幸福

　　人的生命是有限的，但具有无限的可能性。面对生命中的种种挑战，我们必须经历一次又一次的选择与放弃，并从中体味人生的五味杂陈。那么，我们如何拥有幸福呢？

（一）确立目标，寻找意义

　　人生的动力源于为自己确立的人生目标，源于人们进行的人生抉择。哈佛讲师本·沙哈说："一个幸福的人，必须有一个明确的、可以带来快乐和意义的目标，然后努力地去追求。真正快乐的人，会在自己觉得有意义的生活方式里，享受它的点点滴滴。"目标是意义，不是结局。如果想保持幸福感，就必须改变我们对目标的期望：与其把它当成一种结局（相信它可以使我们开心），不如把它看作是一种意义（相信它可以加强我们旅途中的快乐感受）。

　　对于中职生来说，确立目标和寻找工作的意义是学习和成长过程中的重要任务。首先，进行自我评估和职业探索，了解自己的优势、兴趣、价值观以及长期目标，确定自己适合从事哪些职业领域。根据自我评估和职业探索的结果，设置短期和长期目标。这些目标应该是具体、可衡量和可实现的，并且与你的兴趣和价值观相符。在未来的职业生涯中寻找工作的社会意义，思考自己的工作如何对社会产生积极影响。幸福的生活，需要选择一个可以带来快乐与意义的目标，而这个目标必须是源于内心深处的渴求，必须是主动选择的。追逐这些目标不是为了向他人炫耀，而是因为它对我们有着深层的意义并会给我们带来价值与幸福。

（二）学会选择，懂得放下

奥地利心理学家弗兰克说："人最大的自由，是他在任何遭遇中都可以选择自己的态度。"幸福其实来自自我的"放下"、烦恼的"消融"，而不是任何东西的"获得"。请看下面这则寓意深刻的故事：

一个顽皮的孩子在玩耍时，把手伸进了收藏架上摆放着的一个做工精美的青花瓷古董花瓶。糟糕的是，当他想把手收回来时，却怎么也拔不出来了。男孩的父亲试着帮他拔了几次都无济于事，便想到把瓶子砸碎好让儿子的手拿出来，可是这花瓶太稀有了，让人难以取舍。最后，男孩的父亲决定孤注一掷，说道："孩子，你把手伸直，五指并拢，使劲往外拔，就像我这样。"（父亲边说边做着示范）男孩却大叫："爸爸，我不能那样做，如果我松开手，那枚硬币就会掉进瓶里。"父亲终于明白了儿子的手拔不出来的真正原因。一枚硬币，差点毁了一件名贵的藏品。

故事把"取""舍"的含义诠释到了极致。我们不也常常做出"丢了西瓜，捡芝麻"的事吗？选择与放下，是一种心态，是一门学问，是一种智慧，是人生中处处面对的关口。昨天的放弃决定今天的选择，明天的生活取决于今天的选择。只有"难行能行、难忍能忍、难舍能舍"，才能赢得精彩的生活，拥有海阔天空的人生境界。

（三）感恩生命，活在当下

学会运用"生命与生活紧张的原理"，意识到"生命追求幸福，生活追求快乐"的道理。一般而言，生命是人生的存在面，是过去现在未来的一条"流"，在生命层面，人生与过去的生命存在和未来的生命存在都联系在一起，是为"生命之场"；而生活则是人生的感受面，是当下此在的一个"点"，在生活层面，凸显的是人们当下此刻的感觉，转瞬即逝。因此，人之生命所求与生活所求是不同的：在生命层面，必须换一个立场、换一种视角，在"生"前便先行（在意识上）到"死"（观念中），立于"死"的基点来观照生前。

在死亡面前，无论你拥有的东西是多是少，你都是个"富翁"，因为人之"死"才是真正的"一无所有"。曾国藩说："将来不迎，当下不杂，过往不念。"丰子恺言："不乱于心，不困于情，不畏将来，不念过往，如此，安好。"世事无常，谁也不能预知下一秒要发生的事，唯有把握现在、珍惜当下，才会无悔无憾。

（四）阳光心态，直面生活

如果不能改变事情，那就改变面对事情的态度吧。幸福作为人类永恒追求的目标，

其实离不开阳光的心态和直面生活的态度。阳光，心态和直面生活的态度，对于塑造我们的幸福感具有至关重要的作用。

阳光心态是幸福的源泉。一个阳光的心态意味着我们能够以积极、乐观的态度看待生活中的一切。这种心态能够帮助我们看到生活中的美好，感受到生活中的温暖，从而让我们的内心充满阳光。当我们拥有阳光心态时，我们会更加珍惜生活中的每一个瞬间，会更加感恩身边的人和事，会更加热爱这个美好的世界。这样的心态会让我们更加容易感受到幸福的存在，从而让我们的生活更加美好。调查也表明：成功者始终是那些积极乐观、心态良好的人；而失败者恰恰相反，他们消极悲观，难以自拔。想要拥有幸福，就要重视内在的力量，全然接纳自己，调整心态，直面生活。

直面生活是获得幸福的关键。生活总是充满了各种挑战和困难，如果我们选择逃避或者抱怨，那么我们就无法真正地感受到幸福。相反，如果我们能够勇敢地直面生活，积极地去应对各种挑战和困难，那么我们就能够在克服困难的过程中取得成长和进步，从而感受到幸福的存在。幸福源于自我而非他人。每个人心中都有一把"幸福的钥匙"，可我们总是自觉或不自觉地将它交到别人手里，由他人掌控自己的幸福。事实上，思想成熟的人总会将"幸福的钥匙"握在自己手中。直面生活意味着我们要敢于面对自己的不足和错误，要敢于接受生活的挑战和考验，要敢于追求自己的梦想和目标。这样的态度会让我们更加坚定自己的信念，更加勇敢地追求自己的幸福。

（五）淡定从容，简单即幸福

乔治·艾略特说："金子般的美妙时光曾在生命中荡漾，我们却视而不见，任凭沙石掩埋；天使曾降临我们身边，我们却浑然不觉，唯有她离去时才恍然醒悟。"我们总是被时间压力支配，希望能够在更少的时间里做更多的事情；我们总是被欲望支配，希望能够拥有更多的东西。然后，我们忘了对身边的事以及对已经拥有的东西感恩，忘了享受它们、感受幸福。

淡定从容是一种能力。在快节奏、高压力的生活中，我们常常被各种琐事和纷扰所牵绊，导致内心无法平静。然而，如果我们能够学会淡定从容地面对生活中的一切，那么我们就能够摆脱很多负面情绪和压力的影响，以更加平和的心态去应对生活的挑战。这种智慧让我们在人生的道路上更加从容不迫，更加稳健前行。

简单即幸福是一种生活哲学。在这个物欲横流的社会中，我们往往追求更多的物质享受和更高的社会地位，却忽略了内心真正的需求。其实，幸福往往就隐藏在生活的点滴之中，只要我们用心去感受，就能够发现它的存在。一顿简单的饭菜、一次和家人的团聚、一个温暖的拥抱……这些看似微不足道的事情，却能够给我们带来深深的幸福和满足。事实上，很多我们习以为常的东西，就是别人眼中的幸福。

> 　　你所厌恶的读书，是他人渴求的学习机会；你讨厌吃的青菜，是饿到发慌的人们眼中的佳肴；你觉得爸妈抱着你不舒服，可有些人从未感受过爸妈的拥抱……

感恩惜福是一种智慧。感恩伤害你的人，因为他磨练了你的心志；感恩欺骗你的人，因为他增进了你的见识；感恩遗弃你的人，因为他教导了你应自立；感恩绊倒你的人，因为他强化了你的能力；感恩斥责你的人，因为他助长了你的智慧。感恩所有使你坚定的人……此时此刻，相信你我心中汇聚的满满的感恩与幸福已经要流溢出来了。

【聚焦归纳框】

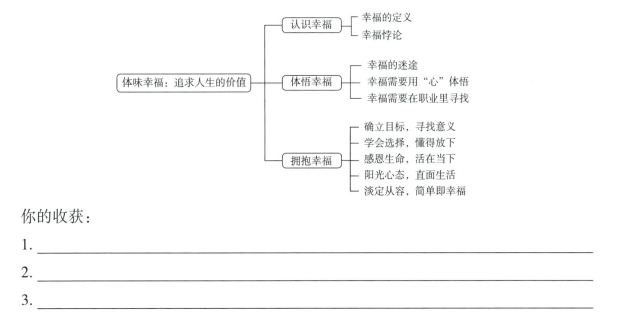

你的收获：

1. _____

2. _____

3. _____

【成长训练营】

寻找并拍摄你心中的"小确幸"，书写自己对幸福的理解。

专题十五　工匠精神：点燃职业的信仰

【专题导航栏】

作为青年群体的重要组成部分，中职生是中国现代化技能人才队伍的后继力量。中职生群体数量庞大，其价值观念和技能水平既深刻影响着我国制造业的转型升级，也同样影响着行业氛围和社会风气的趋势走向，因此加强中职生工匠精神培育显得尤为重要。本专题首先分析工人和工匠的内涵；指出新时代呼唤大国工匠，阐明工匠精神的意涵；通过三位大国工匠的事迹，鼓励中职生弘扬和践行工匠精神，点燃职业信仰，书写精彩人生。

【活动体验营】

"劳模专业户"艾爱国：当一名好工人 树一面好旗帜

一双焊工皮鞋，一身洗得泛白的蓝色工作服，一辆老式自行车……在车来车往的湖南湘潭钢铁集团有限公司，"七一勋章"获得者、公司焊接顾问艾爱国的这副行头，早已为工人们所熟识。

2021年"七一"前夕，艾爱国准备前往北京人民大会堂参加"七一勋章"颁授仪式，家人和同事都嘱咐他"穿得精神点"，艾爱国这次穿上了一件旧西服，脚上却还是那双皮鞋。

在他眼中，这双厂里人人都有的劳保鞋，象征着他坚持走的路，也是他断不掉的根。从19岁到72岁，50多年来，共产党员艾爱国坚守基层岗位，攻克焊接技术难关400多个，改进工艺100多项，多次参与我国重大项目焊接技术攻关和特种钢材焊接性

---

① 艾爱国，我国焊接领域的领军人物，"七一勋章"获得者、第八届全国道德模范、大国工匠。

能试验，在全国培养焊接技术人才 600 多名。

"劳模专业户"首先就应该是"吃苦专业户"

1984 年，艾爱国获得了人生中第一个劳模称号——"湘钢劳模"。此后，他又获得湖南省劳模、全国劳模，成了别人眼中的"劳模专业户"。

"父亲说，当劳模好比坐轿子，要是自己立不住，摔下来的时候只会更难看。"在艾爱国看来，"劳模专业户"首先就应该是"吃苦专业户"。

1985 年 6 月，艾爱国加入中国共产党。当了劳模，又入了党，苦和累的事情，艾爱国干得更多了。多年来，企业也曾多次安排艾爱国到工会和宣传部门工作。可是每次仅仅过了半个月、一个月，艾爱国就忍不住溜回一线班组。

艾爱国说："我这个人，在管理岗位上不适应，认准了目标，就是当个好工人。"

"无论在哪里都要敢于当先锋"

艾爱国主持的湘钢焊接实验室里，不仅有各类高级技师，更有教授级高工、博士，是一个上百人的研发团队。艾爱国自嘲说，自己是学历最低的人之一。但多年来，艾爱国边学习、边引领，始终是实验室的标杆。"身为党员，无论多大年龄，无论在哪里都要敢于当先锋。"艾爱国说。

这个实验室被湖南省列为焊接工艺技术重点实验室，被全国总工会命名为"全国示范性劳模创新工作室"。

从自己追求极致、攀登高峰，到凝聚队伍、对年轻人传帮带，艾爱国也经历过"痛苦"的蜕变。

2008 年，湘钢成立焊接实验室，之后又加挂了"艾爱国大师工作室"的牌子。"每个人都有一台电脑，也给我配了一台电脑。但我连开机都不会，怎么有脸叫艾爱国工作室？"艾爱国说。

艾爱国从电脑开机和打字学起，很快就初步掌握了电脑制图的方法。如今，72 岁的他会做 PPT，会用电脑画工艺图。徒弟欧勇说，最让他受感染的，还是艾爱国身上那股精气神，"艾劳模曾经对我说，做焊工就好比做裁缝，只会把布料缝到一起，算不上好裁缝。只有把布料缝得又漂亮又牢固，而且针对不同材质采用不同的缝纫工艺，才叫好裁缝。当焊工也是一样。"在艾爱国的传帮带下，欧勇如今已经成长为湘钢的首席技师。

讨论分享：

1. 艾爱国的故事给予了你怎样的职业启示？
2. 从艾爱国的故事中提炼"工匠精神"的内容。

【生命智慧窗】

一、工人与工匠

（一）工人

"工人"一词的词源可以追溯到古代社会。在古代，手工业已经成为社会经济的独立部门，因此人们开始使用"工"字来指称从事手工业劳动的人。在春秋战国时期，已经出现"工人"一词，如《荀子·儒效》中提到的"设规矩，陈绳墨，便备用，君子不如工人"，这里的"工人"指的是手工业劳动者，与现代汉语中的"工人"含义相似。

随着工业革命的到来，工业生产逐渐取代了手工业，成为主要的生产方式。在这个过程中，"工人"一词也逐渐扩展为指称在工厂中从事工业生产的人。最初，这些工人大多是手工劳动者，随着机械化生产的发展，工人的工作内容逐渐转变为操作机器、装配零件等。在词源上，"工人"一词与手工业、工业生产等密切相关，随着时代的变化，其含义也不断扩展和演变。17世纪末期，随着工业国家的出现，当时在英国出现了以工业生产为主的资本家，他们雇用大量的劳动力为自己开办的工厂劳动，当时称在工厂中劳动的人为工人。工人是指个人不占有生产资料、依靠工资为生的劳动者（包括体力劳动和脑力劳动，区别工人与否不在于是否从事体力劳动而在于是否占有生产资料）。

在现代社会中，"工人"已经成为一个广泛使用的词语，不仅指称在工厂中从事工业生产的人，也包括建筑、交通、服务等领域的各种从业人员。

（二）工匠

《辞海》里对工匠的解释是：有专门技术的工人，如铁匠、木匠。也指在某方面造诣或修养很深的人，如鲁班、庖丁。也就是说精于技艺、巧于动手的人称为工匠。[①] 从词源学角度分析，"工匠"一词源自拉丁语一种被称为"ars"的体力劳动，意为把某种东西"聚拢、捏合和进行塑形"（to Put Together, Join, or Fit），后来随着这种劳动形式的逐渐丰富才演变为"技能、技巧、技艺"（Art）的意思；而"Artisan"作为一门特定的职业和特定的社会阶层，即工匠、手工艺人的意思是通过16世纪法语"Artisan"和意大利语"Artigiano"含义才确定下来的，并于17世纪早期开始广泛使用起来。[②]

工匠就是指有工艺专长的匠人，现代被称为大师傅、技术员。他们专注于某一领

---

① 史俊.工匠、工匠精神、工匠文化［J］.思想政治研究，2016（4）：70–74，87.
② 庄西珍.多维视角下的工匠精神：内涵剖析与解读［J］.中国高教研究，2017（5）：92.

域，针对这一领域的产品研发或加工过程全身心投入，精益求精、一丝不苟地完成整个工序的每一个环节。工匠以他们的技艺精湛、匠心独具而著称，他们不断雕琢自己的产品，不断改善自己的工艺，享受着产品在手中升华的过程。

工匠具有以下特质：

第一，技艺精湛。工匠首先需要具备精湛的技艺，这是他们工作的基础。他们需要经过长时间的学习和实践，掌握所从事行业的基本技能和知识，并能够在实践中不断积累经验，提升自己的技能水平。工匠的技能往往是通过传统的师徒传承方式或者现代的职业培训获得的。

第二，追求卓越。工匠不仅满足于完成工作任务，更追求工作的卓越和完美。他们注重细节，对每一个环节都精益求精，力求做到最好。工匠对于自己的工作有着极高的标准和要求，他们不断挑战自己的极限，追求更高的技艺水平和更好的工作成果。

第三，注重品质。工匠非常注重产品的品质和质量。他们深知只有高品质的产品才能赢得客户的信任和市场的认可。因此，工匠在工作中始终保持着对品质的敬畏之心，从原材料的选择、生产工艺的制定到成品的检验，都严格把关，确保产品的品质达到最高水平。

第四，不断创新。工匠不仅继承和发扬传统技艺，还不断探索和创新。他们关注行业发展趋势和市场需求变化，及时调整自己的工作方式和思路，以适应新的形势和挑战。工匠通过技术创新、工艺改进等方式，不断提升自己的竞争力和创造力，为行业的发展和进步做出贡献。

工匠们以自己的专业知识和技能，为社会创造出高品质、高价值的产品和服务，推动人类文明的进步和发展。

二、大国工匠与工匠精神

（一）新时代呼唤大国工匠

2022 年 4 月 27—29 日，由中华全国总工会主办的首届大国工匠创新交流大会在广东深圳召开，大会以"技能强国，创新有我"为主题，全面反映中国工业化进程，展示中国工业、中国制造在发展中取得的辉煌成就，展现新时代中国产业工人拼搏奋进的风采。在我国社会主义现代化建设进程中，工人展现出了磅礴的力量，他们不仅推动国家工业腾飞，创造了巨大的物质财富，而且在一代又一代的奋斗过程中凝结出了宝贵的精神财富。

2016 年，政府工作报告首次提到工匠精神。2017 年印发的《新时期产业工人队伍建设改革方案》明确指出，造就一支有理想守信念、懂技术会创新、敢担当讲奉献的宏大的产业工人队伍。党的十九大报告指出，建设知识型、技能型、创新型劳动者大军，弘扬劳模精神和工匠精神。2020年，十九届五中全会《中共中央关于制定国民经济和社会发展第十四个五年规划和二〇三五年远景目标的建议》指出，实施知识更新工程、技能提升行动，壮大高水平工程师和高技能人才队伍。习近平总书记高度重视大国工匠与技能人才培养，强调要更加重视人才自主培养，努力造就一批具有世界影响力的顶尖科技人才，稳定支持一批创新团队，培养更多高素质技术技能人才、能工巧匠、大国工匠。

2024年，全国总工会印发《大国工匠人才培育工程实施办法（试行）》（以下简称《实施办法（试行）》），计划每年培育200名左右大国工匠，示范引导各地、各行业每年积极支持培养1 000名左右省部级工匠、5 000名左右市级工匠，形成大国工匠带头引领，工匠人才不断涌现，广大职工积极走技能成才、技能报国之路的良好局面。《实施办法（试行）》提出了培育对象的遴选标准："要具备政治素质过硬，有5年以上一线生产现场工作经历，长期践行精益求精、执着专注、一丝不苟、追求卓越的工匠精神，具有突出技术技能素质等基本条件。培育对象应在大国工匠能力标准上有突出潜能，即在引领力、实践力、创新力、攻关力、传承力等'工匠五力'上展现明显发展潜力。"[1]

随着国际竞争日益激烈，大国工匠与技能人才在推动我国科技发展、产业升级中的地位日益凸显。新时代需要更多的高素质技术技能人才、能工巧匠、大国工匠。作为中职生的我们，未来也大有可为。

（二）工匠精神的意涵

器物有形，匠心无界。小到一枚螺丝钉、一块智能芯片，大到卫星火箭、高铁航母，背后都离不开大国工匠身体力行的"执着专注、精益求精、一丝不苟、追求卓越"的工匠精神。

工匠精神源于"工"这一古老的职业。《周礼·冬官考工记》记载："知者创物，巧者述之，守之世，谓之工。""工"的职责就是造物，精湛的技艺是工匠的立足之本。庖丁解牛、鬼斧神工、炉火纯青等成语，都是对工匠技艺的形象表达。

工匠精神体现着劳动者独具匠心、精雕细琢、尽善尽美的追求和坚守，蕴含着严谨、执着、敬业、创新等可贵品质。习近平总书记在全国劳动模范和先进工作者表彰大

---

① 朱欣.全国总工会印发《大国工匠人才培育工程实施办法（试行）》［EB/OL］.（2024-01-19）［2024-03-01］.https：//www.acftu.org/xwdt/ghyw/202401/t20240119_845964.html？ 7OkeOa4k=qAqOcqcyhtKdbzB7Ha6XLC7yz7pQtuyAltbw_Ha_Vw0qqmXVOZ_JqAqq3a.

会上指出："在长期实践中，我们培育形成了爱岗敬业、争创一流、艰苦奋斗、勇于创新、淡泊名利、甘于奉献的劳模精神，崇尚劳动、热爱劳动、辛勤劳动、诚实劳动的劳动精神，执着专注、精益求精、一丝不苟、追求卓越的工匠精神。"这是对劳模精神、劳动精神和工匠精神的生动概括。

工匠精神的内涵可以从多个维度进行阐释。工匠精神是一种职业精神，体现了职业道德、职业能力和职业品质，是工匠在长期职业生涯中养成的职业风范。这种精神表现为工匠对技术的精益求精、对技能操作的精准、精心、精细，对工作的执着、对职业的奉献，以及对质量追求卓越、追求极致的价值取向。工匠精神的内涵可以概括为以下几点：

第一，精益求精。注重细节，追求完美和极致，不惜花费时间精力，孜孜不倦，反复改进产品，将99%提高到99.99%。不断雕琢自己的产品，不断改善自己的工艺，享受着产品在双手中升华的过程。

第二，一丝不苟。不投机取巧，必须确保每个部件的质量，对产品采取严格的检测标准，不达要求绝不轻易交货。这种严谨的工作态度体现了对职业的敬畏和尊重。

第三，执着专注。不断提升产品和服务，因为他们在专业领域上绝对不会停止追求进步。无论是使用的材料、设计还是生产流程，都在不断完善。这种耐心和专注的精神使得他们能够创造出卓越的产品。

第四，敬业奉献。工匠精神的目标是打造本行业最优质、其他同行无法匹敌的卓越产品。对自己的职业有着深厚的热爱和执着，他们用心去做每一件事情，不图名不为利，只是单纯地想把一件事情做到极致。

第五，淡泊名利。用心做一件事情，这种行为来自内心的热爱，源于灵魂的本真。他们不追求名利，只是单纯地追求技能的精进和产品的完美。

第六，追求卓越。创新是工匠精神的灵魂，不仅注重传承和继承，更注重创新和突破。不断探索新的技术、新的材料和新的工艺，以创造出更加卓越的产品。

三、弘扬和践行工匠精神

匠心聚，百业兴。"工匠精神"已经成为中国特色精神谱系的一项重要内容，它深深扎根于中国大地之上，存在于我们的身旁，我们需要通过学习劳动模范和大国工匠的先进事迹，汲取精神力量，激发生命活力，弘扬和践行工匠精神。接下来我们一起来认识三位"大国工匠"。

全国道德模范王曙群：从技校生到"大国工匠"

2011年，"神舟八号"和"天宫一号"在太空上演了一场完美的"太空之吻"，我国成为继俄罗斯之后第二个掌握对接机构装调技术的国家。这一对接机构就是由航天科技集团上海航天技术研究院149厂班组长王曙群带领的团队亲手装调的。如今，从"神舟八号"到"神舟十一号"、从"天宫"到"天舟"，对接机构经历了7次飞行试验考核，圆满完成13次交会对接试验任务。王曙群已成为对接机构中国制造的"代言人"，当年的技校生成长为"大国工匠"。

1989年，王曙群从技校毕业后参加工作，从事工装模具的装配和维修。1996年，厂里举办高级工培训班，规定工龄10年以上的职工才能参加。当时王曙群才工作7年，厂里考虑到他中级工考试全厂第二名的好成绩，破格让他参加培训班。

1998年，对接机构进入初样产品研制阶段，很多工作都是首次，出现的问题让人措手不及。"有时甚至对自己的工作产生了怀疑，到底能不能做出来。"王曙群说，当时，企业效益不景气，为了解决难题，自己还经常加班加点，"钱挣得不多，家里也照顾不了"，家人免不了抱怨。

王曙群还是选择了坚守。

对接锁系同步性装调质量决定了航天员能否在太空生存和能否安全返回地面，是交会对接任务中的重中之重。12把对接锁的锁钩必须实现同步锁紧、同步分离，这就好比在太空中"拧螺丝"。但试验发现，分离姿态与设计要求产生严重偏差，而且这种偏差毫无规律可循。王曙群便和这个问题较上了劲。通过近一年的反复试验、摸索，他发现，锁钩采用钢索传动在大载荷下钢索会变长，张力会下降，导致锁钩无法实现同步解锁。

找到问题症结，他马上提出改变钢索旋向以及对钢索进行预拉伸处理的工艺方案，同时将判断锁钩同步性的测量方法进行调整，一举解决了困扰团队近两年的对接锁系同步性协调的难题。

航天器的管路密封如同血管之于人体，直接影响航天产品的生命力。在对接机构研制初期，采用熔焊技术制造的导管合格率仅为20%左右，管路多余物清洗合格率为77%左右。"必须攻克超细直径检漏管路制造这项关键技术，提高对接机构的可靠性。"王曙群暗下决心。通过 50 件试样的焊接试验与性能测试，他带领团队最终找到了最佳焊接工艺参数，还据此形成了企业标准《焊接质量控制办法》。

管路清洗也马虎不得，为有效避免新的多余物残留，王曙群成立专项项目组，通过数百次清洗方案和工艺流程的改进，提出了一种采用高压、高纯度氮气驱动高分子聚氨酯材料在超细导管内多次高速往复摩擦的工艺方法，优化确定了"三步走"的清洗技术路径。同时，结合新发明的专用清洗剂，提高干燥时间和温度，确保清洗剂完全挥发。最终，该项目荣获 2018 年度国家科技进步二等奖，实现从"制造"到"创造"的跨越。

在对接机构研制过程中，王曙群牵头研发了 50 多台套专用装备，完成论文 15 篇，获得 5 项国家发明专利，是对接机构技术国家专利主要发明成员之一。作为国内唯一一个对接机构总装班组的组长，王曙群特别注重培养锻炼年轻人，带领大家一起进步。他所在的班组现有成员 17 人，平均年龄 38 岁，多次荣获"全国质量信得过班组""中华技能大奖""全国技术能手""全国五一劳动奖章"等荣誉。2018 年，王曙群班组成为上海航天技术研究院唯一一个技师比例突破 80%、双师比例达 18% 的技能型班组。

"脚踏实地、仰望星空"，这是王曙群写在工作室墙上的一句话，也是他作为一名航天一线工人的铮铮誓言。

一线工人成大国工匠

2020 年 1 月 10 日是金川集团铜业公司贵金属冶炼分厂提纯班班长潘从明终生难忘的日子。

这一天，2019 年度国家科学技术奖励大会在北京人民大会堂举行。潘从明作为主要完成人的"镍阳极泥中铂钯铑铱绿色高效提取技术"项目获国家科技进步奖二等奖，他也成为西北地区首位获得这项国家大奖的一线产业工人。

大奖背后是潘从明扎根生产一线矢志创新的奋斗历程。铂、钯、铑、铱等铂族贵金属是精密电子、航空发动机、燃料电池、光纤制造等国家战略高科技产业的关键基础材料，但我国储量有限，如何实现清洁、环保、高效提取回收，一直是困扰贵金属冶炼高质量发展的行业难题。

金川集团冶炼产生的镍阳极泥是提取铂族金属的主要原料之一。2010年，潘从明担任贵金属冶炼分厂提纯班班长，全面负责金、铂、钯、锇、钌、铑、铱7种贵金属的生产任务，并带领团队革新工艺。

"当时的想法是要更新工艺流程，通过应用高效设备提升贵金属提炼的工作效率和现代化生产水平。"潘从明回忆说。

2017年，在不新建厂房、不新购设备、不引进技术的条件下，潘从明带领同事完全依靠技术改进、设备革新等一系列创新举措，将金川集团铂族金属产能由20世纪80年代设计的每年400公斤提升到每年4 000公斤。

2020年金川集团贵金属一次、二次资源综合回收利用项目投产达标，再次将铂族金属的产能提升至每年7 000公斤。同年，金川集团铑铱生产线复产，实现了对复杂铑铱物料的高效率处理，解决了40多年来困扰行业的关键性难题，填补了国内外复杂铑铱物料综合利用技术空白，标志着该公司全面建成目前亚洲最大的矿产铂族金属生产线，为推动我国贵金属冶金技术向高精尖发展做出了贡献。

过去10年，潘从明扎根贵金属提炼一线，也让他收获满满：由他主创的项目先后获得18项省部级或以上科技进步奖、技术革新奖，他本人也获得"全国劳动模范""全国技术能手""最美职工""大国工匠"等多项荣誉，2020年被破格评为正高级工程师……在潘从明看来，个人成长的背后，是整个国家创新环境的不断优化和全行业的持续进步。

"个人的每一次获奖、每一项创新都体现了从中央到地方对技术创新的重视和支持，也离不开企业为一线职工创新提供的平台。"潘从明说，"我和团队成员赶上了激发全社会创新活力的好时候，从一线工人成长为大国工匠，我感到无比光荣与自豪，幸福感满满，归属感满满！"

环卫工李德的选择：从掏粪工到"大国工匠"

那还是十几年前的一个凌晨，刚三四点钟，河北沧州市运河区顺河社区，一场"清污大战"开始了。

一头是清污车，另一头是粪坑，中间隔着百米长的狭窄巷子，车开不进。无奈，人力代替机械。

掏粪工李德和几名工友，猫着腰，一勺勺将粪桶灌满，再挑起扁担往外走。晃动的身子，之字形的步子，来回几十趟，浑身大汗。直到天亮，任务终于完成。

工作干得风风火火，李德的心里却时常失落。

"掏粪的活儿费力气不说，又脏，味儿又大，确实尴尬。"李德想在公园旁跟人说几句话，保安赶紧来轰他，"快走吧！你一来，顶着风能臭八里地！"

自20世纪80年代进入环卫系统，李德总感觉"脸上没面儿"，曾几次陷入低谷，甚至对人生失去了信心。"出生在一个干部家庭，没想到混到这般田地。"李德渐渐寡言少语。有人借此嘲弄他，撂下话，"看他那粪勺子能抡出什么花儿来！"

这话刺激了李德。他想改变。

在做掏粪工前，李德曾在环卫局的机修车间待过一阵子。那时车坏了，他就跟着师傅换换零件，修修补补。李德好琢磨，后来竟也练出几手，"有时耳朵一听，就能辨出啥毛病"。后来转岗了，但这个兴趣仍在暗暗"发酵"。不过这一次，他给自己立下了一个"几乎不可能完成的任务"。

"那段时间，半夜里他经常突然就起来了，跑到灯下坐着，又是写又是画，有时一坐就一宿。我凑近一看，发现他在画机械图……"妻子陈红文回忆说。

李德想要改装清污车的想法，也被他的同事发现了。"他没事就围着那车转，"工友郝树海说，"他把一些零件拆下来，又装上去，再拆下来，再装上去，反反复复，不停地捣鼓。"

2004年，是改变李德人生的一年。一辆实用小型吸污车，在同事眼中，从无到有地"变"了出来：笨重的车身一下子变轻盈了，车宽由2.2米缩为1.3米，灵活性大大提升，能钻进的巷子一下子多了起来。

李德看到了成功的可能性。2009年，一辆小型机械化粪便作业车在李德手下亮相。这一次，车身有了可分离式设计，车体后部的小推车可随时卸下，钻进最窄、最逼仄的巷子，而与车身"合体"后，可实现全自动机械化倾倒，几乎零脏污外溅，操作工人只需动动手指。这之后，自动压缩式固液分离吸污车、多功能高压冲洗车等相继问世。

经由李德的努力，清洁化掏粪的愿望实现了。李德渐渐成了名人。朋友同事发来"贺电"，领导专程来看望他，"改装一辆两万五，拨给你10万，接着干！"

成果背后，少有人知道，李德经历的不眠之夜，那1 000多张图纸，还有一身的伤。

创新伴随着风险。李德的右眼球曾被弹出的零件击中，导致发炎；他的右手拇指和食指指尖处被夹掉后重新接上；小腿被钢筋穿入，留下伤疤……

不过这些李德不太当回事儿。"谁让咱皮糙肉厚呢，"李德笑着对受伤轻描淡写，"能让咱弟兄们工作得体面一点，值了！"

在国家专利申请部门，李德曾遭遇"质疑"："你真的只是一名环卫工人吗？"工作人员推了推眼镜。这话反倒让李德感到备受肯定，心里涌起一阵骄傲。多年来，李德带领团队，完成109项技术创新，其中9项获国家专利，4项填补国内空白。

"以前，大伙干活没一个吭声的，都闷着脑袋干。"李德说，"那种环境下，是没人想说话的。现在不一样喽，既不脏又不臭，干着干着，还有人哼小曲儿呢！"

李德成了沧州的工匠、河北的能人。2018年，李德远赴上海，参加了"大国工匠"高技能人才国情研修班。核工业、军工业、航天工程……一众顶尖人才中，李德的身份有点扎眼：公厕管理站站长。

"真是抬举我了。"李德笑着说。他把腰杆挺得直直的，"我这心里啊，除了自豪，还是自豪！"

早些年，曾有人想帮李德调离环卫系统，可他却拒绝了，"后来我也想明白了，一份工作带给你的，究竟是绝望还是尊严，那个选择键，还得你自己去摁啊！"李德说。

无论是从技校生到"大国工匠"全国道德模范王曙群、从一线工人到"大国工匠"潘从明，还是从掏粪工到"大国工匠"李德，他们都在用自己的实际行动践行和体现着工匠精神。作为中职生，我们是未来从事专门技术工作的人才。我们应该以大国工匠为榜样，学习他们的先进事迹和报国精神，自觉弘扬和践行工匠精神。不忘初心，脚踏实地，努力学习，锻炼实践技能，点燃职业信仰，从而书写无愧于自我的精彩人生。

【聚焦归纳框】

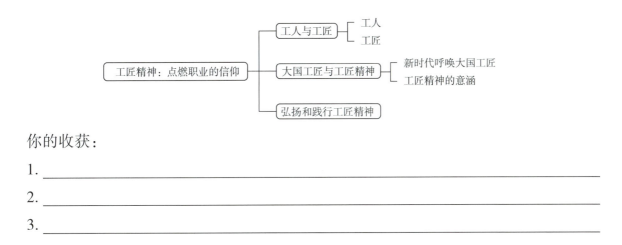

你的收获：

1. _____

2. _____

3. _____

【成长训练营】

《大国工匠》是央视新闻频道 2015 年 4 月 29 日起推出的"五一"特别报道，介绍了 8 位一线工人的高超技艺和执着坚守，火箭心脏焊接人高凤林、錾刻大师孟剑锋、双丝钳工顾秋亮、航天手艺人胡双钱、殷瓦焊接工张冬伟、高铁首席研磨师宁允展、深海钳工管延安、捞纸工周东红。这系列节目讲述了不同岗位劳动者用自己的灵巧双手，匠心筑梦的故事。

请思考：该纪录片给你带来的最大启发是什么？我们应该确立怎样的职业信仰？

专题十六　生命列车：感悟生命的意义

盛年不重来，一日难再晨。及时当勉励，岁月不待人。——陶渊明

【专题导航栏】

生命对每个人来说都是平等的，然而如何看待自己的生命，如何度过自己的一生，却各有不同。本专题通过对人的生命以及生命价值内涵的剖析，帮助我们正确看待生命现象、积极思考生命的意义与价值，搭乘生命的列车，活出生命的精彩。

【活动体验营】

1. 首先绘制"人生曲线"图（图 16-1）

（1）在过去的日子里有美好记忆的三件事；

（2）在过去的日子里最受挫的三件事；

（3）在未来的日子里最想做的三件事。

2. 计算生命的有效时光

（1）假设你能活到 100 岁，用一张有 0～100 刻度的纸条来代表你 100 年的人生岁月；

（2）把你已经走过的"人生岁月"撕下来保存；

（3）再把未来的自己希望事业有成后颐养天年的人生年龄阶段也撕下来珍藏；

（4）那么你手上的就是你现在用来创造自己美好人生，努力奋斗获得生命价值的时间；

（5）光睡眠就要占据人生中 1/3 的时间，此外，还要除去吃喝拉撒、文娱活动等时间。

绘制"人生曲线"图

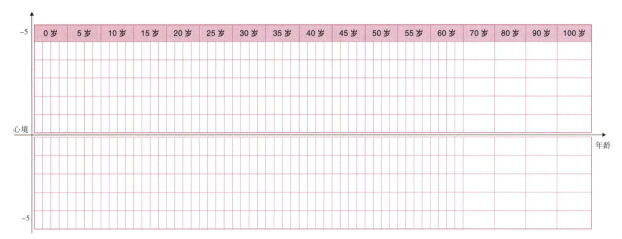

图16-1　人生曲线

讨论分享：

1. 在小组内分享绘制自己的生命线的内心感悟。

2. 看看手中剩下的"有效时间"，你最大的感触是什么？你打算如何利用这有限的生命？

【生命智慧窗】

一、搭乘生命的列车

也许你还沉浸在体验活动所带来的触动中，当你在回忆中找寻美好的记忆和令人感伤的挫折事件时，仿佛进行着一场时空旅行，生命中的酸甜苦辣、悲欢离合，都成为促成我们生命成长的一部分，值得反思和回味。不管如何，让我们搭乘生命的列车，努力活出属于我们自己的生命精彩。

（一）珍惜生命，珍惜时间

在"计算生命的有效时光"中，将时光视作手中的纸条，看得见也摸得着。起初我们觉得自己还是未满20岁的青年，100年的岁月还很漫长，可随着游戏的进行，当我们看到手中剩下的有效时光时，是否有所顿悟？虽然我们拥有最好的青春年华，可为未来幸福生活奋斗的时光又有多少呢？

美国生物学家凯恩曾为人生做了计算：以60岁为标准，共计21 915天，其中，睡眠占用20年，吃饭占用6年，娱乐玩耍占用8年，穿衣梳洗占用5年，行路、旅游、堵车占用 5 年，生病 3 年，打电话 1 年，上卫生间 1 年，闲谈 70 天，擦鼻涕 10 天，剪指甲 10 天……最后剩余的有效时间仅为 10 年。

生命来之不易，异常珍贵。珍惜生命、敬畏生命是生命教育的基础。珍惜生命就要珍惜时间，珍惜生活中的分分秒秒。我们不能增加生命的长度，但是可以拓展生命的宽度。

（二）延长生命时光的智慧

如何才能拓展生命的宽度呢？我们可以从"人生时光与物理时间不等式"原理中学习延长人生时光的智慧与方法。人的生命太过短暂，在时间一维、单向不逆转、不停歇的嘀嗒中，我们的生活也一去不复返，这是人生的物理时间。"人生时光与物理时间不等式"原理揭示了人生的大智慧：如何在一定的物理时间内，充盈生命，实现人生时光的相对延长，创造更多的价值。

"人生时光与物理时间不等式"原理促使我们思考这样一个关键问题：该选择怎样的人生态度来迎接我们自己？是愿意过一种风平浪静的日子，还是喜欢在人生的大风大浪中前行？是在人生险阻前望而却步还是迎头挺进？正如我们绘制的"生命曲线"图那样：当一个人生活状态的起伏越大，则其人生的内涵就越丰富；相对于一个生活状态稳定者，他（她）就在相同的物理时间内获得了更长的生活时限。从这个角度上说，在人生旅程中，我们不仅要去追求幸福与顺境、快感与快乐，也要把痛苦、坎坷、悲伤等人生负面经历当作丰富人生内涵的部分坦然承受下来，这都是人生经历与经验，是人生时光的延长，是我们超越物理时间局限的"机遇"。虽然生活内涵的丰富性可以延长我们的人生时光，但正如"保健自强"专题所说的那样，在生活的价值取向上，"透支生活"并不是一种好的生活态度，我们还要学会适度，保持健康，从而更好地丰富生命，达到更理想的人生品质。

首先，树立时间观念和效率意识。强烈的时间观念，可以帮助人们最大限度地减少无意义的人生活动，增加有益的、有价值的生活时间，这便增加了单位时间内的意义量，也就相应地延长了人的生命时间。同时，可以借助心理学、管理学中的时间管理方法，帮助我们更高效地利用时间、提高效率。

其次，丰厚精神生活和心理生活。人的心理时间是可变的，是可达至无穷的，从这种意义上说，摆脱时间限制的最好方法，莫过于丰厚自我内在的精神生活和心理生活。精神生活与心理生活越丰富，自己所支配的心理时间就越多，从中获得的精神性时间就越趋于无穷。

再次，培育感恩之心，让人生更具意义。有人说，如果你是一个善良的人，你得到了别人的善意对待和帮助，心中会产生一种自然的情感，这种情感就叫感恩。仔细想想，需要感恩的似乎很多：父母的养育之恩、师长的教导之恩、朋友的相知之恩、伯乐的赏识之恩、智者的点拨之恩、对手的激励之恩、陌生人的帮扶之恩……

最后，始终保有一颗"赤子"之心。老子曰："含'德'之厚，比于赤子。"在老子看来，像新生婴孩一样，返璞归真，接近自然是谓"含德之厚"。我们要学会在生命旅程中，以纯净的心灵去感受自然、社会与人生，不忘初心，努力实现一种"赤子"式的存在状态。

朱敏才曾是一名外交官，妻子孙丽娜曾是一名高级教师，退休后两人没有选择安逸的日子，而是奔赴贵州偏远山区支教。他们的足迹9年遍布贵州的望谟县、兴义市尖山苗寨、贵阳市孟关等地。2010年两夫妇扎根遵义县龙坪镇，继续他们的支教生涯。

生在贵州黄平，长在贵阳的外交官朱敏才，得知家乡师资严重缺乏，退休后放弃在北京悠闲自在的生活，去山区义务支教。

尽管已经古稀之年，但他们表示："只要我们还能动，就希望在这里继续教下去，让山里娃也能和城里娃一样，能大声流利地说好英语、学好英语"。山区洗澡难、买菜难、乘车难、看病就医难，各方面都极不方便。卧室跟厕所共用一面墙，夏天臭气熏天，孙丽娜晚上要戴着两个口罩才能睡觉。因为长时间在山区生活，加上高原强烈的紫外线照射，孙丽娜的右眼全部失明，左眼视力只剩下0.03，检查身体时还发现体内重金属超标。朱敏才也患有高血糖、高血脂、呼吸暂停综合症等危险疾病。但他们依然坚守岗位，带给孩子生动活泼的课堂氛围。

他们义务执教不拿一份报酬，在省吃俭用资助贫困生的同时，还在积极为学校建电脑教室、修学生食堂，四处联系争取支持和帮助。夫妇俩在北京治病期间，仍心系山区的孩子，为他们捐来了20台计算机。孙丽娜还将阿里巴巴"天天正能量"奖给她和丈夫的10万元奖金转赠给了学校，用于建计算机教室。在支教9年后，他们被中央电视台评为"最美乡村教师"。

"感动中国"给予他们的颁奖词：你们走过半个地球，最后在小山村驻足，

你们要开一扇窗，让孩子发现新的世界。发愤忘食，乐以忘忧。夕阳最美，晚照情浓。信念比生命还重要的一代，请接受我们的敬礼。

二、叩问生命意义与价值

我们走过夏、秋、冬、春的生命四季，学习了十六个专题的生命教育课程，是否能领悟到生命的真谛与智慧，获得生命的成长？让我们一起来学习孙效智教授提出的"人生三问"，澄清并明晰究竟什么才是对自己最有意义和价值的事。

（一）人生三问

人作为万物之灵，不论富贵贫穷还是疾病健康，不论在社会上扮演怎样的角色，只要会思考，就会在某些时刻想起甚至可能必须面对人生的三个根本问题：人为何而活？应该怎样活着？又如何才能活出精彩的生命？这三个问题称为"人生三问"[①]，是三个各自独立又彼此环环相扣、密切相关的问题。人生三问虽然重要，但又仿佛不存在，大部分人在平顺日子中不容易想起它们来，除非命运的打击突然造访……

1.人为何而活

"人生三问"中，第一问关切的是一个严肃的应然问题或者说哲学问题，也即，什么样的目的或意义才具有终极性或究竟性，又是什么样的价值才具有隽永的超越性？也许有人会说，生命是每个人自己的，每个人的人生都要自己过，论及生命的目的或意义，没有什么应该不应该的问题，而且，即便要论应该，也应是每个人自己去决定人生应该追求什么样的目标或实现怎样的意义。从某个方面来说，这个看法似乎是没有错的，每个人要追求什么样的生命目的或意义，当然是个人可以决定的事，也理应由每个人自己去决定，这正是人之所以为人的尊贵与庄严所在，也是人作为自由理性之主体的真谛。问题是，每个人都有权利选择自己的人生目标并不等于任何选择都是好的，否则西方不必自古希腊哲学就开始在意何谓"幸福"，中国儒家也不必在乎大学之道通往的"至善"是什么了。

2.人应该怎样活着

理解这个问题，可以从"道"这个概念的两个角度着手。一是道路，即人生的道路；

---

① 孙效智.打开生命的16封信［M］.北京：中国青年出版社，2011.

二是道德，即有关如何做人的道理。这两个角度是一体的两面，一而二、二而一。第一个角度连接人生第一问与第二问，第一问关切人生目标，第二问探讨人生道路。道路随目标而定，人有怎样的目标就会走上怎样的道路。事业心强的人，往往会一心扑在工作上，容易忽视其他事物。而当一个人明白"在人生走到终点时，你不会后悔没有完成某一笔生意，却会后悔没有好好陪伴家人"时，他就会意识到在工作与家庭之间维持平衡的重要。如果目标是生不带来、死不带去的财富或权势，人们选择的生活方式自然是向钱或向权看；而如果目标是"究竟的"，则人们自然会选择通往人生究竟目标的道路。当一个人追求的人生目标是"究竟的"，是大人之学的"至善"，那么其选择的就是合于做人道理的道路，也就是"明德新民"的道路。这也即"人应该怎样活着"的第二个角度——道德。因此，道德问题并非只是关乎做人与实践的形而下问题，更是与人生终极课题相通相连的形而上课题。探索人生道路与做人的道理，正是伦理学或道德哲学的主题。

3. 如何才能活出精彩的生命

一是认知要正确且深刻。关于正确的人生目标与道路，认识得越深刻，才越有可能向正确的方向迈进。二是需要在情意方面努力，要通过持续的修养来提升自己的灵性。人生第三问探讨的显然是非常重要的课题，它涉及正确的人生观、价值观能否内化且"诚于中"而"形于外"。事实上，如何做到知行合一，是人生三问中最为关键的问题。假如处理不好这个问题，那么，即使一个人的人生观、价值观是正确的，也知道通往人生正确目标的道路何在，却很有可能在实践上与自己的认知背道而驰，如果这样，那关于人生第一问与第二问的探讨也就都失去了意义。

（二）生命的价值

生命从孕育到死亡，经历着不同的阶段。人的生命在浩瀚的宇宙中虽只是一瞬间，但并不因其短暂而失去辉煌。我们要善用自己宝贵的生命，实现生命（各个）阶段的价值，在短暂的生命历程中创造生命的价值，让生命走向辉煌。

幼儿阶段，是生命脱离母体后的初始阶段。此时的生命很脆弱，很稚嫩。在母亲乳汁的喂养下，在众多亲人的呵护下，生命得以茁壮成长，养成健全的体魄。而我们面对这美丽世界露出的灿烂微笑，就是我们回报亲情与友爱、向人世间表达感谢的最温情的礼物。

步入青少年阶段，人的生命继续健康成长，恰如"早晨八九点钟的太阳"，构成世界上最美的春天。我们迅速长高，知识大量积累，开始学会思考；我们求知若渴，好奇向上；我们青涩懵懂，充满激情；我们求知、学习，各种观念迅速形成并逐渐巩固。

此时，我们生命的辉煌就是建构起合理的生活观、生命观和价值观，积累知识，积累力量，为生命的健康发展打下坚实的基础。

壮年时期是生命的黄金期。此时，我们生理性生命的各种机能已经成熟，充满活力，是创造生命价值与意义的重要时期。我们享受生活、挥洒生命，更应该创造和奉献。生命的欢歌在壮年时奏响最激昂的强音，生命的辉煌就在于不断地求索、不断地创新、不断地创造，为自己、为家庭、为社会创造丰富的物质财富和精神财富，推动社会的进步。

老年时期是人生命的晚年，也是生命的最后时光。这一阶段，人的生理机能衰退、器官老化，人的行动、思维相对迟缓，从事工作与创造的能力下降。此阶段的生命辉煌在于加强保健、锻炼健康的身体，宁静心灵；同时，做些力所能及的工作，老有所为、老有所乐，为生命增色生辉。

生命的辉煌是人生谱写的最华丽的乐章，虽然每个人的人生阶段有着不同的内容，但一致的目标都是要达到生命的完善与美好，实现人际性社会生命的完整和超越性精神生命的传承。生命的辉煌是一种境界——善用此生的境界、豁达逍遥的境界。帮助他人会留下开心，送人玫瑰手留余香。我们传承先人的生命而生，盛载社会希冀而长，满怀孝心而养，追求超越而活，不朽尊严而死。无论什么职业，无论身处何方，当我们以死观生，明白了生命的真谛，融个人之"小我"于天地之"大我"，追求生命的永恒，在那一刻，我们便实现了生命的终极辉煌！

三、活出生命的精彩

很多人在结束生命教育课程时，都情真意切地表达对生命的学习没有终点，只有起点。这也说明，实现"活出精彩而有意义的生命"是一个持续修行、不断内化真爱以达到知行合一的过程。谈生命的学问不能只停留在人生观的建立、生命哲学的探讨与生活美学的熏习上，更重要的是帮助人们解决知易行难的问题。在知与行之间搭起一座桥梁，使人们能够体悟生命的真谛，拥有海纳百川的胸襟，从身边的点滴小事做起，学会感恩，乐于奉献，成为一个有力量、有爱心、有温度的顶天立地的人。

（一）知行合一

"知行"一词，最早出现于《尚书·说命（中）》："非知之艰，行之惟艰。"这是说，对于一件事情，知道它的道理并不难，但实行起来会很难。《论语·为政篇》有言："四十而不惑，五十而知天命，六十而耳顺，七十而从心所欲不逾矩。"这意味着，即便是孔子，在不惑、知天命后，还需要二十年的功夫才能达到知情意行的统整和由内而外的知行合一。

《尚书·说命（中）》载傅说对商王武丁所言"知之非艰，行之惟艰"之说是为其证。其意是说，一件事情，知道它并不困难，难在如何将其付诸实践。从"知"到"行"需要一个过程，当代中职生经常出现"知易行难"的问题，对道理、观念的认识并不难，难在如何由知到行顺利转化。情、意是实现知向行转化的内部条件，情起催化作用，往往是行的内驱力；意起定向作用，并能维持行的连续性。品德的终端和结果是行，没有最后的道德行为，个人品德就成为空的东西。行是在知、情、意的基础上，通过一定的训练，习得而成。

可见，我们在生命教育中学习到的知、逐渐产生的情与意，都需要及时付诸行动，在爱与行动中获得知的升华和心灵的成长。

（二）把爱传出去

"爱是看不见的语言，爱是摸不到的感觉，爱是我们小小的心愿，希望你平安快乐永远。爱是仰着头的喜悦，爱是说不出的感谢，爱是每天多付出一点点，双手合十不在乎考验。让爱传出去，它像阳光温暖我和你，不管有多遥远总有到的那一天。让爱传出去，那前方漫漫人生路，有你的祝福没有过不去的苦。"[①]那么，如何把爱传出去呢？

1. 培育大爱精神

所谓大爱[②]，可以被理解为人对人的自身价值、前途和命运的自觉持久的关爱精神和高度负责行为的统一：从精神方面说，大爱是对人类自身命运的关爱精神，也就是常说的"爱心"；从实践方面说，大爱是指主体对客体在行为上的高度负责。

那么，什么是大爱精神呢？大爱精神就是人们对人类自身的价值、前途和命运的自觉关爱、高度负责与无私奉献精神。简要地说，大爱精神就是爱心、爱人之心、大爱之心——这里的"心"是精神的意思。大爱精神是人类在自身的社会生活实践中，逐步自觉并世代传承、发扬起来的。它发源于人类社会的生活实践，表现为人类的自我意识，传承于社会的价值文化；它在人类社会"生生不息"的生命历程中，一直是人类生命的"守护神"，社会和谐、生活幸福的精神愿望和寄托；人们越是历经坎坷，越是崇尚大爱精神。

2023年12月28日，甘肃临夏州积石山县发生6.2级地震。危难之际，社会各界纷

---

① 歌曲《让爱传出去》的歌词。
② 王少安，周玉清. 大爱精神与大学文化建设［M］. 北京：人民出版社，2008.

纷伸出援助之手奉献爱心，与灾区人民同呼吸、共甘苦、心连心，时时处处涌动着爱的暖流。哪怕是一顶帐篷、一条棉被、一袋方便面，甚至只是一声真诚的祈愿与问候，都给灾区同胞带去了最温暖的感动与最美好的希望。执着而平凡的人间大爱，彰显出人性的光辉与可贵，让逝者得以安息，让生者继续前行！心与心的交融，眼与眼的凝望，爱与爱的交汇……无疆大爱汇聚成无穷力量，让我们更加团结、更加凝聚、更加奋进。

2. 拥有一颗慈善之心，参与公益慈善

慈善事业和社会互助是人类精神文明的体现，是社会保障的"最后防线"，最低生活保障只解决最基本的生活需求，无法满足低保家庭的特殊需要，如残障人、高龄人、多学龄子女家庭、意外灾害家庭致贫问题等。要解决这个问题可通过两个途径：一是由政府有关部门根据低保对象家庭不同的致贫原因，制定具体的帮扶政策，建立多层次、全方位的社会救助体系；二是通过慈善事业和社会互助，广泛开展社区服务，动员全社会都来关心特殊的低收入群体，改善低保对象的生活状态。

还记得在"生存权利"专题中，很多人谈及面对贫穷、饥饿、疾病、灾难时，为自己的弱小没有能力而感到焦虑和郁闷。请看下面这则《这条小鱼在乎》的故事：

> 在沙滩的浅水洼里，有许多被昨夜的暴风雨卷上岸来的小鱼。它们被困在浅水洼里，回不了大海了，虽然近在咫尺。被困的小鱼有几百条，甚至上千条。用不了多久，浅水洼里的水就会被沙粒吸干，被太阳蒸干，这些小鱼都会干死的。
>
> 男人继续朝前走着。他忽然看见前面有一个小男孩，走得很慢，而且不停地在每一个水洼旁弯下腰去——他在捡起水洼里的小鱼，并且用力把它们扔回大海。这个男人停下来，注视着这个小男孩，看他拯救着小鱼们的生命。
>
> 终于，这个男人忍不住走过去："孩子，这水洼里有几百几千条小鱼，你救不过来的。"
>
> "我知道。"小男孩头也不抬地回答。
>
> "哦？你为什么还在扔？谁在乎呢？"
>
> "这条小鱼在乎！"男孩儿一边回答，一边拾起一条鱼扔进大海。"这条在乎，这条也在乎！还有这一条、这一条、这一条……"

也许当前中国的慈善事业仍存在一些问题，但并不影响越来越多的人热心公益慈善事业的决心。面对社会问题时，如果我们能够树立"人人可慈善，好人在身边"的信念，不批评不指责，不抛弃不放弃，做自己能做的事，从自身可以承担的点滴做起，终会聚沙成塔，帮助更多的人，解决更多的问题。

3.做一名志愿者，把爱传出去

"赠人玫瑰，手留余香。"每个人都希望自己成为那个手留余香的人，因为默默地做一件好事，真的可以让人心情愉快。抽出一点时间，让我们默默地做一名志愿者，让自己的生活充满快乐。可以为别人付出，是一件幸福的事，这个世界上有许多人需要我们的帮助。学习了诸多的生命智慧，心中积淀了满满的爱，为何不将这份爱传递出去呢？试想一下，有些人因为我们的善举而渡过难关，这是多么幸福的事。

志愿者是一个没有国界的名称，指的是在不为任何物质报酬的情况下，为改进社会而提供服务、贡献个人的时间及精神的人。社会的慈善组织、共青团组织以及我们所处学校的青年志愿者协会，均有很多担任志愿者的机会，我们可以根据自己的爱好与特长，利用课余时间积极参加爱心公益活动，培养自身无私奉献、勇于担当、让爱传递的情怀，最大限度地发挥我们的作用，在帮助别人的同时提高自身的实践技能与工作经验，助人且自助。

志愿者的价值和意义并非金钱所能衡量。它提供的是金钱无法买到的人间温馨：关怀和帮助，友谊与同情。其实，想要做好一名志愿者真的不容易，这是一项十分有挑战性的工作，需要我们用心去做。默默地做一名志愿者，让我们的存在更有价值，让我们的心灵更纯洁、高尚，让这个世界充满爱，让我们带着愉快的心情，尽自己最大的努力，将这份爱传出去，无私地给予别人帮助。

最后，让我们乘上生命列车，感受一下生命犹如飞驰的火车，我们手握单程票，没有回程……让我们珍爱生活，开拓生命，努力去实现生命的价值，获得永远的幸福！欣赏并思考下面这首诗：《生命列车》

> 每个人的生命都犹如一列奔驶的列车，
> 人生一世，就好比一次搭车旅行，
> 要经历无数次上车下车。
> 时常有事故发生，
> 有时是意外惊喜，
> 有时却是刻骨铭心的悲伤……
> 降生人世，我们就坐上了生命列车。

我们以为：

我们最先见到的那两个人——我们的父母，

会在人生旅途中一直陪伴着我们。

很遗憾，事实并非如此。

他们会在某个车站下车，

留下我们，孤独无助；

他们的爱，他们的情，

他们不可替代的陪伴，再也无从寻找！

尽管如此，还会有其他人上车。

他们当中的一些人，

将对我们有着特殊的意义。

他们之中有我的兄弟姐妹，

有我的亲朋好友，

我们还将会体验：千古不朽的爱情故事！

坐同一班车的人当中，

有的轻松旅行，

有的却带着深深的悲哀……

还有的在列车上四处奔忙，

随时准备帮助有需要的人……

很多人下车后，

其他旅客对他们的回忆历久弥新……

但是，也有一些人，

当他们离开座位时，却没有人察觉。

有时候，对你来说情深义重的旅伴，

却坐到了另一节车厢。

你只得远离他，继续你的旅程。

当然，在旅途中，

你也可以摇摇晃晃地穿过自己的车厢，

去别的车厢找他……

可惜，你再也无法坐在他的身旁，

因为这个位置，已经让别人给占了……

没关系，

旅途充满挑战、梦想、希望、离别……

就是不能回头，

因此，尽量使旅途愉快吧！

善待旅途上遇见的所有旅客，

找出人们身上的闪光点。

永远记住，在某一段旅程中，

有人会犹豫彷徨，

因为我们自己也会犹豫彷徨。

我们要理解他人，

因为我们也需要他人的理解！

生命之谜就是：我们在什么地方下车？

坐在身旁的伴侣在什么地方下车？

我们的朋友，在什么地方下车？

我们无从知晓……

我时常这样想：

到我下车的时候，我会留恋吗？

我想我还是会的：

和我的朋友们分离，我会痛苦；

让我的孩子孤独地前行，我会悲伤……

我执着地希望，

在我们大家都要到达的那个终点站，

我们还会相聚……

我的孩子上车时，没有什么行李，

如果我能在他们的行囊中留下美好的回忆，

我会感到幸福。

我下车后，和我同行的旅客，

都还能记得我、想念我，我将感到快慰！

献给你，我生命列车上的同行者，祝你旅途愉快！

【聚焦归纳框】

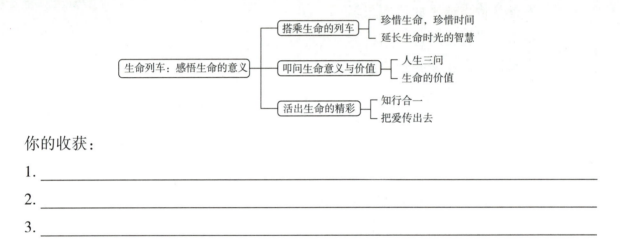

你的收获：

1.＿＿＿＿＿＿＿＿＿＿＿＿＿＿＿＿＿＿＿＿＿＿＿＿＿＿＿＿＿＿

2.＿＿＿＿＿＿＿＿＿＿＿＿＿＿＿＿＿＿＿＿＿＿＿＿＿＿＿＿＿＿

3.＿＿＿＿＿＿＿＿＿＿＿＿＿＿＿＿＿＿＿＿＿＿＿＿＿＿＿＿＿＿

【成长训练营】

1.《爱的奉献》是一首经典歌曲。它凭借浅显易懂的歌词、舒缓温暖的旋律以及高尚大气的主题而广为流传。这首歌曲思想丰富，旋律动人，不仅脍炙人口，更成为公益歌曲的标签。当国家和人民需要温暖和感动的时候，这首歌的旋律总是会响起。"这是心的呼唤，这是爱的奉献，这是人间的春风，这是生命的源泉。再没有心的沙漠，再没有爱的荒原，死神也望而却步，幸福之花处处开遍。啊，只要人人都献出一点爱，世界将变成美好的人间。"

请思考：这首歌曲给你带来的最大启发是什么？你打算如何把爱传递出去？

2.书写生命感言。自拟题目书写生命教育的心得，总结生命教育课中自身的成长与收获。